得體妝容 ╳ 清晰談吐 ╳ 優雅禮儀
妳曾經幻想長大後的模樣，就是展現出自信最漂亮！

# 從容走向 30 歲
# 妳也可以不狼狽

蔣甘樺，若蘭 編著

還在焦慮「30歲」是女性人生大關？
煩惱工作、煩惱愛情、煩惱身材、煩惱金錢、煩惱年紀……
外在儀態 VS 內在涵養 ▎友情維繫 VS 愛情攻防 ▎職場交際 VS 生活日常

30歲的生活不簡單，但絕對不難！

# 目 錄

# 目錄

## 第五章　左右逢源的關係達人

## 第六章　愛情滋潤的幸福之花

# 目錄

## 第七章　一門長相廝守的學問

# 目錄

# 前言

## （一）

有沒有想過：30 歲時，妳是誰？

是那個為了買一個名牌包而向男人討好撒嬌的女人？還是那個病急亂投醫見了男人就雙目放光的「結婚狂」？是那個早出晚歸滿臉疲倦的憔悴女人？還是那個在千篇一律的家庭瑣事中消磨人生的家庭主婦……

—— 妳一定不願意、不甘心過這樣的生活。

男人 30 而立，女人 30 而「慄」。「30」這個普通的數字，用在年齡上總是讓女人多少有些惶恐與顫慄。30 歲的女人，站在青春之河的岸邊，望著河裡亮麗光鮮的小女孩，心緒難平。渴望快點長大的少女時代，總是過得很慢；走向社會後瀟灑的日子，偏偏過得很快。一眨眼，就 30 歲了。

對於 20 多歲、已經走向社會的女孩來說，30 歲並不遙遠。如何讓自己在 30 歲時如上帝精心打造的尤物 —— 而不是前人種過蠱、下過咒的「豆腐渣」，是年輕女孩應該從現在就開始思考的問題，也是其努力的方向。

## （二）

如果將女人比作一本書，那麼在她 20 歲時，靠的是無敵亮麗的封面；30 歲時，比的卻是書中的內容。而在 20 ～ 30 歲之間，女人要在自己的書中寫下獨立、雍容、高貴、優雅、細膩、精緻、智慧等文字。

這些與幸福相關的內容，不是等妳吹滅 30 支蠟燭後，天使就會在夢裡送來的。所有的一切，都要靠妳自己花心思去爭取。妳現在正在用一磚

# 前言 ────────────────────

一瓦構建將來的「幸福」大廈。每一個選擇、努力、放棄、珍惜、放縱，都會對妳 30 歲後的幸福產生直接的影響。

20 多歲的妳，現在是個什麼樣的人呢？是理想的還是務實的？是浪漫的還是平淡的？工作有沒有熱情？生活有沒有趣味？閒時除了跑夜店和唱 KTV 外還會做什麼？和另一半相處得如何？

妳的今天決定了妳的明天。在本書中，編者將告訴妳如何在享受生活樂趣的同時，為 30 歲以及 30 歲後的妳預留更多的幸福。

## （三）

傳統的觀點認為：男人是樹女人是藤。女人需要依附於男人才不至於匍匐在地，才可以享受到清風撲面的幸福。這些觀點現已成為過去，現在人認為，妳必須找到除了愛情之外，能夠使妳穩固站在大地上的東西。

是的，女人要在精神與物質上做到獨立。當然，女人的獨立並非指向男人宣戰，和男人一較高低。女人獨立首先在於心靈上的獨立，相信自己、珍惜自己，只有這樣，女人才能有底氣追求自己的幸福。

身為女人，也要給自己樹一個遠大的理想和目標。記得常常仰望天空，記住仰望天空的時候也看看腳下。好好去愛，去生活。青春如此短暫，不要嘆老。偶爾可以停下來休息，但是別蹲下來張望。

人生就是這樣，在天真中充滿夢想，在現實中尋找自我，在苦難中磨礪品性，在失去後學會珍惜。我們必須長大。成長的過程就是破繭成蝶，掙扎著褪掉身上所有的青澀與醜陋，在陽光下抖動輕盈美麗的翅膀，閃閃地、微微地、幸福地顫抖，然後才能擁有美麗的藍天。

編者

第一章
男人不是永恆的提款機

傳統的觀點認為：男人是樹女人是藤，女人需要依附於男人才不至於匍匐在地，才可以享受到清風撲面的幸福。現在這已成為過時的觀念了，妳必須找到除了愛情之外，能夠讓妳穩固地站在大地上的東西。是的，妳要在精神與物質上做到獨立。當然，女人的獨立並非指向男人宣戰，和男人一較高低。女人獨立首先在於心靈上的獨立，相信自己，珍惜自己，正如詩中所說的，女人要做一株有自己紅碩花朵的木棉。只有這樣，女人才能有底氣追求自己的幸福。

# 灰姑娘的童話

過去的童話與當今的愛情肥皂劇中，總是少不了灰姑娘式的女孩。總有一天，白馬王子會走進灰姑娘的生命中，拯救灰姑娘。「從此，王子與灰姑娘過上了幸福快樂的生活」——這是童話的標準結局。

二十幾歲的女孩，是正適合做夢的年齡。不少喝著愛情童話、神話、胡話之水長大的女孩，難免會下意識想：會有一個白馬王子……

王子在哪裡呢？一直等待也不是辦法，於是有一位比灰姑娘還要漂亮的美國女孩決定變被動守候為主動出擊。她在一個大型論壇的金融版上發了一個求助文。文章的主題為〈我怎樣才能嫁有錢人〉。以下是她的內文的中文翻譯——我以下要說的都是心裡話。本人 25 歲，非常漂亮，是那種讓人驚豔的漂亮，談吐文雅，有品味，想嫁給年薪 50 萬美元的人。妳也許會說我貪心，但在紐約年薪 100 萬才算是中產，本人的要求其實不高。這個版上有沒有年薪超過 50 萬的人？你們都結婚了嗎？

我想請教各位一個問題——怎樣才能嫁給你們這樣的有錢人？我約會過的人中，最有錢的年薪 25 萬，這似乎是我的上限。要住進紐約中心

公園以西的高尚住宅區，年薪 25 萬遠遠不夠。我是誠心誠意請教的。

有幾個具體的問題：一、有錢的單身漢通常都在哪裡消磨時光？（請列出酒吧、飯店、健身房的名字和詳細地址）二、我應該把目標定在哪個年齡段？三、為什麼有些富豪的妻子看起來相貌平平？我見過有些女孩，長相如同白開水，毫無吸引人的地方，但她們卻能嫁入豪門。而單身酒吧裡那些迷死人的美女卻運氣不佳。四、你們怎麼決定誰能做妻子，誰只能當女朋友？（我現在的目標是結婚）

署名是波爾斯女士。下面是一個華爾街金融家的回覆。

親愛的波爾斯：

我懷著極大的興趣看完了文章，相信不少女士也有跟妳類似的疑問。讓我以一個投資專家的身分，對妳的處境作一分析。我年薪超過 50 萬，符合妳的擇偶標準，所以請相信我並不是在浪費大家的時間。

從生意人的角度來看，跟妳結婚是個糟糕的經營決策，道理再清楚不過，請聽我解釋。拋開細枝末節，我所說的其實是一筆簡單的「財」、「貌」交易：甲方提供迷人的外表，乙方出錢，公平交易，童叟無欺。

但是，這裡有個致命的問題，妳的美貌會消逝，但我的錢卻不會無緣無故減少。事實上，我的收入很可能會逐年遞增，而妳不可能一年比一年漂亮。

因此，從經濟學的角度講，我是增值資產，妳是貶值資產，不但貶值，而且是加速貶值！妳現在 25 歲，在未來的 5 年裡，妳仍可以保持窈窕的身段，俏麗的容貌，雖然每年略有退步。但美貌消逝的速度會越來越快，如果它是妳僅有的資產，10 年以後妳的價值堪憂。

用華爾街的術語說，每一筆交易都有一個倉位，跟妳交往屬於「交易倉位」（trading position），一旦價值下跌就要立即拋售，

13

　　而不宜長期持有—也就是妳想要的婚姻。聽起來很殘忍，但對一件會加速貶值的物資，明智的選擇是租賃，而不是購入。年薪能超過 50 萬的人，當然都不是傻瓜，因此我們只會跟妳交往，但不會跟妳結婚。所以我勸妳不要苦苦尋找嫁給有錢人的祕方。順便說一句，妳可以想辦法把自己變成年薪 50 萬的人，這比碰到一個有錢的傻瓜的勝算要大。

　　　希望我的回覆能對妳有幫助。如果妳對「租賃」感興趣，請跟我聯絡。

　　這則不足千字的回覆，如一瓢冷水潑在漂亮的波爾斯發熱的腦袋上，但願包括她在內的所有讀者都能有所收獲。青春、美貌，這無疑是女人令人羨慕的資本，但妳的這項資本是「貶值資產」。有句話是這樣說的：女孩子一生中，總會有那麼幾年，妳想要什麼，男人就會給妳什麼。甚至妳不曾想到的，他也體貼地早早幫妳安排好了。可是，過了這幾年，誰還理妳？

　　陳明真有首歌叫〈變心的翅膀〉，這年頭，變心的翅膀滿天飛，妳能指望男人永遠滿心歡喜地為妳買單嗎？

## 女人到底靠什麼

　　有些人說，女人最大的成功就是嫁一個成功的男人，做那個男人的賢內助。可是，已經成功的男人也不是那麼好嫁的，他的身邊美女如雲、繁花似錦，出色的妳不過是花叢中的一朵而已，而如果妳只是資質平平，頂多也只是襯托紅花的綠葉而已。

　　又有人說了，找不到黃金單身漢，難道我還找不到潛力股？如那隋末美人紅拂女，一眼相中落魄壯士李靖，演繹了一齣千百年來膾炙人口的

「紅拂夜奔」故事。地位低微的紅拂女從芸芸眾生中發現了同樣卑微的李靖，並與之結為連理。李靖後來幫助李淵父子打天下，為唐王朝的建立與鞏固立下了赫赫戰功。唐朝建立後，李靖被封為衛國公，皇家極為優待，紅拂女自然也是妻隨夫貴。紅拂女身為封建桎梏中的一介弱女子，用自己過人的眼光與魄力，為自己抓住了愛情，並贏得了海闊天空的未來。這個故事發生在 1,400 多年前，之所以流傳至今，從側面說明了這樣的事情如鳳毛麟角。可見要精準找到潛力股也是有難度的，搞錯目標，黑馬便變成了豺狼，餡餅就成了陷阱。

即便是找到了一個完全可以託付一生的「德財」兼備的，能夠抵禦外來誘惑，也能夠經受住各種考驗，並且願意為妳付出一切、承擔一切，與之共度一生的好男人，但我們生活在這個世界上，每天都會發生那麼多的意外和不幸，如破產、重傷、大病甚至去世。那個能夠依靠的溫暖的胸膛，能為自己撐起一片晴空的人，突然永遠消失在這個世界上，又該怎麼辦？

有一對夫妻，丈夫年過 30，事業小成，他的妻子貌美如花、千嬌百媚。她對他忠貞不二，他對她也是呵護有加，絕不二心。無論從物質上還是精神上來看，他們都幸福得讓人羨慕不已，在朋友圈子裡是當之無愧的「模範之家」。丈夫從事建築業，某一年出資承包工程，貸款投入 500多萬完成了一期工程，甲方卻因為房市趨冷而無力按照合約支付工程款。於是，工程被迫中止，打起了官司。雖然官司打贏了，但卻不能順利及時地按照法院的判決執行。債主催，工人告，他們從此陷入了困境。禍不單行，不久後在一次奔波歸來的途中，丈夫遭遇了車禍，拋下嬌妻愛子，撒手人寰。而他的妻子由於平時嬌生慣養，如同一隻連活魚都不會吃的貓，此時此刻，沒有絲毫的能力和勇氣去承擔家庭的重擔。她丈夫的朋友紛紛相助。可幫人一時，不能幫人一世，一切仍然要靠她自己。她雖說不上人

## 第一章　男人不是永恆的提款機

老珠黃，卻也是花季不再，又帶著孩子想走原來「靠男人」的路，顯然是不可能了。憑著女性的韌性和母愛的動力，她現在也算是走出來了，找到了一個可以養家餬口的工作。但她一沒學位二沒技術，在失業人數急遽上升、工作競爭日益激烈的今天，想要保住飯碗需要付出的艱辛努力，這其中滋味恐怕只有她自己清楚了。

有人說：「男人靠征服世界征服女人，女人靠征服男人征服世界。」這句話不是絕對的。男人也不是那麼容易征服的，其前提是男人願意被征服。如果哪天他不喜歡再玩這種「征服和被征服」的遊戲了，那麼犧牲最多吃虧最大的一定還是女人。從古至今，不知有多少女人成為這種遊戲的祭奠品，這是已經被無數次證明了的事實。

張曼玉被譽為亞洲最有魅力的女人。她曾在接受某媒體採訪時說：「我從18歲開始就自己賺錢了，我從來不需要用男人的錢，我都是花自己的錢。因為覺得賺錢那麼辛苦，就不想浪費自己的辛苦錢，如果要因為賺錢而去工作，這樣會很不開心。」這個魅力四射的女人，一直揚言自己從18歲起便開始自力更生，從不花男人一毛錢。

難怪張曼玉活得那麼自信動人、自由自在。這樣的女人，不花男人的錢，在經濟上獨立。而經濟上的獨立可以保證自己精神上與人格上的獨立，不用看人家臉色，不用依靠任何人。

說來說去，女人到底要靠什麼？靠天靠地靠老公，終究不如靠自己。如果說30歲前還可以靠「美麗」，那麼下半生必須要靠「實力」，而「實力」是需要從30歲前就開始用學習、努力，甚至要靠打拚累積出來的。只有有「實力」的女人，才會把自己的幸福緊緊抓在手心。

小西是一個很成功的「名女人」，談到女人的魅力，小西認為，除了健康和美麗，女人最重要的是經濟獨立，她說：「我現在最大的自由是我

可以從自己的口袋裡掏錢買書，買我喜歡的衣服，這是女人最大的自由。現在許多年輕的女孩子需要什麼東西的時候就對她的另一半說我喜歡這個我喜歡那個，她們不是自由的。我以前曾經嫁過一個很有錢的男人，可是他沒有給過我一毛錢。」

一個女人，能夠自己辛勤地工作，自己賺錢來養活自己，這一點是非常難得的。同時，在經濟上獨立的女人才有魅力，女人需要有自己的事業，有離開男人之後自己能夠生存的能力，有自己的原則，有善待自己的心，還有不斷地學習優雅，不斷地學習成為生活有品質的女人。女人在這個世界上是最辛苦的，所以，告誡所有女性朋友要善待自己，千萬別因為安逸的生活放棄自己的追求，放棄自己生存的能力，不要等到風雨來時而茫然，其實，當妳擁有自己的生存能力的時候，妳就是這個世界上有魅力的女性之一。

有句話是這樣說的：女人，妳 20 歲的選擇，會寫在妳 40 歲的臉上和妳脫口而出的每一句話上。也就是說，20 多歲時妳選擇了怎樣的人生態度和人生歷程，會決定妳以後的氣質容貌，會決定妳這一生是個怎樣的人。所以，有人說二十幾歲決定女人一生。

女人一定要有自己謀生的方法。不要以為嫁了男人就一定有飯吃、有衣穿。白馬王子不是妳永恆的提款機。沒有哪條法律規定誰一定要愛妳一萬年。愛不愛妳，肯不肯提供經濟上的幫助是他的自由。不要被男人一時的慷慨所迷惑，妳要有自己的謀生盤算。做好工作，自力更生總是好的。

還記得電影《亂世佳人》嗎？為什麼女主角的形象那麼深入人心？僅僅是因為她漂亮嗎？「明天又是新的一天」，倔強獨立的郝思嘉成為美國精神的象徵。面對被戰火燒燬的家園，她堅強不屈；面對另一半的離去，她努力振作，她像大地一樣承受一切卻仍充然滿活力……還記得郝思嘉站

在大樹下期盼明天的那個畫面嗎？配合雄壯的主題音樂，費雯麗的表演將這個無比獨立的女人性格演繹得淋漓盡致。與此同時，人們記住了這個不一樣的女子。

## 從愛情神話中走出來

愛情神話是指女人終其一生都會有人來疼愛的迷思。事實上，這本來就是神話，但卻根深蒂固地深植在女人 —— 尤其是少女的心中。很多女人無法認清它的本質 —— 一則過時的童話故事，卻讓人相信：只要女人做好自己的本分，就會有幸福的未來。但追根究柢，愛情神話的基礎其實是建立在傳統的婚姻交易上。如果一個女人能夠安分持家、生養孩子、行為得宜，她就可能得到幸福。

愛情神話讓女人擔心遭到遺棄，但同時又暗地裡希望有人救她，美國有位著名社會學家在她的專著中指出，就本質來說，愛情神話是指「為了找人保護，而用傳統女性的順序角色作為交換條件」。這是一種迷思，意思是：只要一個女人行為「合宜」，只為他人著想，放棄原有的夢想和目標，她就能受到保護，不必親自進入殘酷的現實世界裡謀生。

林玲在大學畢業工作兩年後，就嫁給了一個企業家的兒子，也辭掉了工作。其實，她可以不辭掉工作，這樣無論對自己還是對家庭都有好處。平時，林玲總是拒絕同學們去她家探訪，據說是她婆婆不願意別人去走動。與以前相比，林玲的性格發生了明顯的變化。有一年大學同學聚會，在她身上已經完全見不到書卷氣。同學說的話她因為與社會脫節，根本插不上話。她說的又無非是一些雞毛蒜皮的小事，同學根本毫無興趣。沒辦法，林玲只能一直夾菜吃。

　　一朵大學班花，最終淪落為黃臉婆。試想想，當她與社會完全脫節，與丈夫再沒有共同語言的時候，丈夫還能長期地這樣容忍她嗎？再說，沒有工作沒有收入，即使自己一心一意想當一個好母親也很難。就拿林玲來說吧，萬一哪天她被遺棄了，又有什麼資本與丈夫爭奪撫養權呢？就算爭到了，又靠什麼去養育孩子呢？

　　愛情神話最糟糕的一點是：很多女人不再主動規劃自己的未來。她們等了又等，一心盼望可以靠某件事來保障自己的幸福，她們唯一害怕的就是：什麼事都沒發生。這也難怪「做得好不如嫁得好」之類的聲音甚囂塵上。女人們未能掌握自己的未來，這可能是因為她們對愛情神話的執迷不悟造成的結果。

　　我們不是生來就如此，小時候，我們也有夢想，也有欲望，也有對未來的計畫。只要問問任何一個 8 歲的小女孩，長大後想做什麼？她都會給妳一個答案。「我想成為芭蕾舞女星。」、「我想當老師。」、「我想成為海洋生物學家。」、「我想當醫生。」可是當她們進入青春期時，這些活潑、早熟的女生卻遇上了別的事。她們的身體開始發育，注意力逐漸轉移到成年時的樣子，這時候愛情神話也開始發揮效應。她們的自信心在課堂上遭到打擊，總是猶豫不決。相形之下，男孩們反而爭相吸引老師的注意，發言很是踴躍。除此之外，十幾歲女孩最看重的就是自己的性徵和魅力，於是未來的大門慢慢關上，取而代之的是整天夢想漂亮的婚紗和自己的真命天子。

　　對於那些一再耽擱的大齡單身女性來說，愛情神話尤其像一把雙刃劍。不少未婚的大齡女性好像總在等待什麼似的。因為她們多少相信，而且幾乎是下意識地相信，這一生絕不會孤獨以終 —— 至少大家都這麼告訴她們，所以她們願意等待。這種「等待」扼殺了她們的事業規劃，她們

從來不注重事業這回事，也沒想過自己的賺錢能力和自己的價值。只因她們堅持那個觀點：錢的事不該由她們來決定。

　　從愛情童話中走出來吧。無論妳有沒有結婚，妳都需要自立。因為一個自立而又自信的女人身上所散發出的魅力，足以讓妳在異性的世界裡獲得注視，在同情的世界裡，妳也會因此而得到尊重。如果想要理財，自立就是妳必須邁出的一步。

　　從獨自走向社會開始，到有了家，自立的女人不會把終生的幸福完全交到丈夫手中（儘管老公向妳求婚時，他對妳說：我會給妳一輩子幸福的）。誰知道結了婚以後，他是否有那麼多精力打理妳的幸福，更何況女人對幸福的要求，男人很難面面俱到。

## 女人應該活出自己的精彩

　　在這個複雜多變的社會，女人到底應該占據什麼樣的位置？一百個人恐怕會有一百種說法，其實最重要的還是自己的感覺。多數女性願意為家人付出一切，既要事業，又要家庭，像要能夠面面俱到。

　　多少年來，有一句話一直在無形地約束著女人：「一個成功的男人背後，必有一位偉大的女性支持。」正是基於這樣的認知，許許多多的女人選擇了自我犧牲，靠男人來實現其自身價值，靠著丈夫的光輝來照亮自己。然而，這種自我犧牲換來的又是什麼？失去了自我的女人，真能靠著丈夫實現自己的價值嗎？

　　幸福不能簡單地物質化，應該是個動態的感覺和狀態。從表面上看去，丈夫風風光光，地位不低，金錢不少，在女人堆裡，自己也算是「有面子」的了，可是如果丈夫把心思全部放在工作上，很難一起吃頓飯、散

散步、採購生活用品，這樣空守的「幸福」又會有多少幸福感？

因此，生活中總有一些女人口口聲聲說自己不幸。與此同時，她們又只是站在原地等待奇蹟，而不去爭取屬於自己的新生活。女人無論做了妻子也好，做了母親也罷，都必須活出自己的價值。

女人也曾抱怨，為人妻為人母的我們，柔弱的肩膀上在扛起事業的同時，又要扛起家庭的責任；我們所取得的每一分成績，都要付出比男人多一倍的艱辛，耗費數倍的代價。事實上，既然性別無法改變，那就努力使我們成為自己。

有些女人結了婚，但還有工作，大部分女性還是盡最大努力做到事業和家庭兩者兼顧，但還是有不少的女性在這種壓力之下為了家庭而放棄了自己的事業，不少為了追求事業的女性則只好犧牲家庭。據調查，在面對事業與家庭發生衝突如何選擇這一難題時，大多數女性選擇了家庭，甚至在高學歷的女性中，也有近一半的女性選擇為了家庭而犧牲自己事業的做法。其實，這些女性的心理壓力是小了，但她的精神壓力會增大，她沒有交際圈，時間久了，她的性格就會很暴躁。

阿芳婚前在貿易公司任職，收入也不錯，但結婚後，丈夫不讓她出去工作了，她便辭職了。幾年來，她一直待在家裡，家庭成了她所有的世界。辭職，不僅會帶來物質生活的困難，還會帶來更大的精神壓力，她沒有了原來的自信風采，對生活也沒有了熱情。

從阿芳這一事例可以看出，許多人在社會的關係，都是透過職場關係牽線，倘若沒有工作，那就意味著在很大程度上割斷了與朋友的聯絡，這樣往往會導致自我封閉，精神上陷入窘態乃至崩潰。從這種意義上說，女人是不能沒有工作的，工作讓女人充滿活力，充滿奇思妙想。

女人工作並不是為了養家餬口，但是女人卻不可以不工作，因為工作

可以帶給她一個正常的人際交流環境，能讓她不至於失去自我。金錢不是女人工作的主要目的，但是有了一份工作後，她會變得很自信，很有魅力，同時生活也將更充實。

如果丈夫每天在外面工作，而女人守在家裡，女人會因為沒有出去社交，思維跟社會脫節，那麼夫妻可能會沒有共同話題！

傾聽身邊的女人在一起閒聊的時候，職業婦女聊得最多的話題是健康、美容、購物，生活是多姿多彩的；而家庭主婦的話題則全是圍繞老公、孩子……以及過分地擔心老公是不是有外遇。於是，可想而知，女人在沒有自己的事業時，心裡並不踏實，也就產生了亂七八糟的想法。

外面的環境與事物會讓聰明的女人更聰明！走出一味的柴米油鹽醬醋茶，讓新鮮事物充實生活，因為遊走在職場中才能體會到工作的艱辛和壓力，才能更理解事業中男人的煩惱，也許還能為他排憂解難，成為他的支柱，互相打氣感情更深厚！

因為事業，女人變得自信；因為事業，女人才可以為自己量身定做屬於自己的那份獨特；因為事業，女人不會追著滿街的流行元素而盲目隨波逐流；因為事業，女人才不會為臉上小小的斑點而耿耿於懷，才可以素面朝天地向世人展示自然的美麗時做到神情自若，可這些的先決條件，就是事業，只有事業才能讓女人注意自己的外表、言行。有事業的女人是最美麗的。她們的美麗不是因為鼓起來的腰包或者名片上的「抬頭」，而是那種專注和執著。

## 要獨立，但一定不要孤立

以前，女人總是依附男人而生存，嫁得好與不好，幸福與不幸福都要

承受自己的婚姻。現在，女人有了選擇幸福的權利。女人可以有穩定的工作，可以投入身心地去工作，可以得到相對穩定的收入，有了自己相對寬鬆的生活方式。女人今天的社會地位來之不易，是社會進步所改變的，所以一定要珍惜自己這份自立的權利。

不過，現今的社會仍是以男性為主的社會，雖然越來越多的女人高聲呼喊著獨立宣言，更多的女人單槍匹馬地在社會上拚殺，但結果卻是只有少數的女性朋友取得了成功。我們不難發現絕大多數的女人要取得成功並非如想像中那樣容易。實際上女人很容易走極端，那些敢於單槍匹馬出來闖世界的女人往往是很獨立的女人，但她們缺少與男人互相合作的意識，事實上她們的這種行為是有失策略的：將自己置身於男人世界之外並沒有好處，這不是獨立，而是孤立。她們因自己過強的自尊心而放棄了許多可以援助她們的男人，同時也為自己的成功增設了更多的障礙。

有哲學家論證過，在嚴格的軍事意義下，築堡壘必定是一項錯誤。堡壘會變成力量孤立的象徵，成為敵人容易攻擊的目標。原始設計用來防衛的堡壘，事實上截斷了支援，也失去了迴旋的餘地。女人過強的自尊心就像堡壘一樣，它可能固若金湯，然而一旦妳關在裡面，這個堡壘就足以轉變成囚禁妳的監牢。

女人在為自己的目標拚殺時，絕不要孤立自己，接受來自男人的援助並不會讓妳失去什麼，反而會帶給妳更多的實際利益。要想獲得成功必須仰賴社會互動與四處周旋，想要完成自己的目標，必須將自身置於核心地位，接受來自四面八方的資訊，如果固執地依賴越來越小的圈子為自己提供資訊，就無法清楚四周的動靜。不但喪失了機動性，更容易成為受攻擊的目標，而且孤立使得她們產生偏執妄想。如同在戰爭以及絕大部分策略遊戲中一樣，孤立往往是挫敗與死亡的前兆。

在不確定與危險的時刻，女人必須戰勝想要退縮的欲念，反其道而行，讓自己更容易與男人合作，並結交成盟友，逼迫自己進入更多形形色色的圈子裡。這是自古以來眾多女性掌權者的獨門祕笈。人類是群居的動物，只有在頻繁的接觸和周旋中，才能鍛鍊出讓高超的社交技巧。妳越和別人接觸，就會變得越來越優雅、從容。離群索居會讓妳的舉止笨拙，導致更進一步的孤立，因為人們會開始迴避妳。

## 做老婆，但絕不做黃臉婆

通常來說，女人不是以個人為中心，而是以家庭利益為中心，具體表現在以夫為貴、以子為榮。在夫妻兩人都可能發展的情況下，傳統的家庭性別分工，往往選擇了在目前的社會資源下，男人更有可能獲得成功的一方，做出犧牲的往往是女人。這樣，家庭利益就取代了女人本身的價值以及個體意義上的成功。

日本的著名影星山口百惠因主演《血疑》等電視劇而為觀眾所熟悉。她在事業蒸蒸日上的時候與搭檔三浦友和結婚，回歸家庭，相夫教子。這位 13 歲便在歌壇嶄露頭角、15 歲便風靡日本、21 歲便退出影壇的少女，實在是由於傳統的價值觀念太強了。自從她退出影壇之後，觀眾和影迷十分懷念她，為她的息影感慨不止。她回歸家庭後生活並不幸福，丈夫因經商破產，儘管她賠上了當明星時的全部積蓄，家庭經濟仍陷入困境。這時她打算復出，可是演藝界已新人輩出，支持她的影迷也都由風華正茂的青年變成負擔家庭重擔的中年人，已無暇再談追星的事了。

同時，她自己的表演風格已經不能適應新一代觀眾的欣賞品味，於是她再也難以東山再起。多年的影星熬成了婆（黃臉婆），她這張舊船票已

無法再登上明星的客船。山口百惠對事業的放棄導致她人生的失敗。這是一個成功的女人由於錯誤的家庭婚姻觀念而走向失敗的典型例子。

一隻小蝸牛問媽媽：為什麼我們從生下來，就要背負這個又硬又重的殼呢？

媽媽：「因為我們的身體沒有骨骼的支撐，只能爬，又爬不快。所以要這個殼的保護！」

小蝸牛：「毛蟲姐姐沒有骨頭，也爬不快，為什麼她卻不用背這個又硬又重的殼呢？」

媽媽：「因為毛蟲姐姐能變成蝴蝶，天空會保護她啊。」

小蝸牛：「可是蚯蚓弟弟也沒骨頭爬不快，也不會變成蝴蝶，為什麼他不背這個又硬又重的殼呢？」

媽媽：「因為蚯蚓弟弟會鑽土，大地會保護他啊。」

小蝸牛哭了起來：「我們好可憐，天空不保護，大地也不保護。」

蝸牛媽媽安慰他：「所以我們有殼啊！我們不靠天，也不靠地，我們靠自己。」對於女人來說，「老婆」的身分不是＿塊靠得住的殼，只有自己的事業、工作才是真正操之在手的。

聰明的女人在家庭與事業的雙重壓力之下，往往能做出最明智的決定，她們信仰「家庭服從事業，事業上的成就可以使家庭生活更幸福」。因此，她們反對女人為照顧家庭而犧牲自己的事業前途，她們認為女人與男人一樣是進取的、智慧的、高效的，工作著的女人永遠是美麗和幸福的。

西蒙・波娃在《第二性》中談到，女性經濟地位的不獨立導致人格的依附，強調女性走入職場獲得經濟獨立。這麼多年後的今天，許多女性已經走進職場了，她們獨立、自信又美麗，她們用自己纖巧的雙手打開了一

扇人生之門。

## 一場風花雪月的陳年舊事

　　女人的獨立並不是女人自己一個人的事情。正如行為學家赫里爾
（John Hurrell Crook）所說：一個人有明確的行為導向，就可說明其思想對
客觀事物的理解程度。有關愛情測驗結果顯示，不少男人更喜歡與自己職
業、性格愛好不同的女人。無論男女，學會在愛情中保持獨立的自我，這
是在為自己打造另一種幸福。

　　然而，在現實生活中，許多女人卻成了生活的附屬品，成了悲劇的主
角。究其原因，就是不獨立。

　　不獨立的女人常常活在自我想像的世界裡，並沉溺其中不能自拔，她
們不自覺地把自己假想為需要特殊關懷與寵愛的弱者。這種強烈的弱者心
態影響了她們的活動能力和思考能力，使她們失去了獨立意志，終至依附
和隨波逐流。而且可悲的是，她們對此似乎有種難以化解的痴迷。而具有
成功意識的女人崇尚經濟獨立、個性開放的生活態度，她們不會想著依賴
別人的供養，她們更願意運用自己的智慧贏得財富，過自己想過的生活。

　　不獨立的女人習慣把自己當成弱者，總是希望男人照顧自己；她們以
愛為職業，而且往往錯誤地把愛理解為「被愛」。由於這類女人缺乏獨立
意志，男人使她們一步步導演了自己的人生悲劇，並在獨立性喪失後，盛
名、財富、愛情也隨之喪失。

　　卡蜜兒（Camille Claudel）就是這方面的悲劇主角，她是雕塑大師羅丹
的學生兼情人。

　　在羅丹第一次見到卡蜜兒時，就愛上了她。這一半是由於她那帶著野

性的美。另一半則是由於她罕見的才氣。面對才華橫溢的羅丹，卡蜜兒也主動地向這位比自己年長 24 歲的男人，敞開了自己純淨和貞潔的少女世界。這完全是由於羅丹的天才吸引了他，因為男人的魅力就是才華。羅丹的一切天性都從屬於雕塑──他炯炯的目光，敏銳的感覺，深刻的思維，以及不可思議的手，全都為了雕塑而生，而且時時刻刻都閃耀出他超人的靈性與非凡的創造力。雖然當時羅丹還沒有太有名，但他的才氣已經嶄露，他們很快地相互征服。正當盛年的羅丹與洋溢著青春氣息的卡蜜兒如同急風暴雨、烈日狂潮般一同擁入他們愛情的酷夏。同時，羅丹也開始了他藝術創作的黃金時代，而卡蜜兒不過是一個青澀的學生。

對於卡蜜兒來說，她所做的是要投身到一場需要付出一生代價的殘酷的愛情遊戲中去。這是一場賭博，因為羅丹早已有了妻子和兒子，但是已經跳進漩渦而又陶醉其中的卡蜜兒，不可能回到岸邊重新選擇。她和他只得躲開眾人視線，在公開場合裝作若無其事的樣子，尋找任何一個可能的機會，一點空間和時間，相互宣洩無盡的愛與無法克制的欲望。從學院小路到大理石倉庫，到鶯歌路的別墅，再到工作室幽暗的角落裡、在躺椅上、在滿是泥土的地上，兩個人沉浸在無比美妙的情愛中。

羅丹曾對卡蜜兒說：「妳被表現在我的所有雕塑中。」可以看出，卡蜜兒不僅給羅丹一個純潔而忠貞的愛情世界，還給了他感悟藝術的一切。無論是肉體上、情感上，還是心靈上，卡蜜兒給羅丹的太多了。

1900 年以後，羅丹名揚天下，卡蜜兒卻一步步走進人生日漸昏暗的陰影裡。卡蜜兒不堪承受長期在羅丹生活圈外的孤單與無望，這種感覺糾纏了她 15 年，最後精疲力竭，頹唐不堪，終於離開了羅丹，遷到一間破房子裡，離群索居，她拒絕在任何社交場合露面，天天默默地鑿打著石頭。儘管她極具才華，卻沒有足夠的名氣。人們仍舊憑著印象只把她當做羅丹

## 第一章　男人不是永恆的提款機

的弟子，所以她賣不掉作品，貧窮使她常常受窘並陷入尷尬，還要遭受僱來幫忙的粗雕工的欺侮。這期間，羅丹卻已接近成功。他屬於那種活著時就能享受到果實成熟的藝術家。他經歷了與卡蜜兒那種雨驟風急的愛情生活後，又返回平靜的岸邊，回到了在漫長人生之路上與他分擔過生活重負與艱辛的妻子羅絲身旁。他買了大房子，過著富足的生活，並且又在巴黎買下了文藝復興時期的豪宅別墅，以應酬上流社會那些千奇百怪、光怪陸離的人物。這期間，還有幾個情人曾進入了他華麗多彩的生活。當然，羅丹並沒有忘記卡蜜兒。他對自己與卡蜜兒的那場轟轟烈烈，電閃雷鳴般的戀愛是刻骨銘心的。他多次想幫助她，都遭到高傲的卡蜜兒的拒絕。他只有設法透過第三者在中間迂迴，在經濟上支援她，幫助她樹立名氣，但這些有限的支持對於卡蜜兒而言，都是屈辱與傷害。

在絕對的貧困與孤寂中，卡蜜兒真正感到自己是個被遺棄者。這種感覺對於她而言如同刀子，往日的愛與讚美也都化為了怨恨。她本來是激情洋溢的性格，卻逐漸變得消沉下來。

1905 年，卡蜜兒出現妄想症，身體變糟，脾氣乖戾，狂躁起來會將雕塑全部打碎。1913 年 3 月 3 日，卡蜜兒的父親去世，卡蜜兒已經完全瘋了。她脫光衣服，赤裸裸披頭散髮地坐在那裡。

卡蜜兒從此與雕刻完全斷絕，藝術生命就此完結。1943 年，她在蒙特維爾格瘋人院中去世。

在瘋人院裡保留的關於卡蜜兒的檔案中註明：卡蜜兒死時沒有財物，沒有任何有價值的文件，甚至連一件紀念品也沒有留下，卡蜜兒自己也認為羅丹把她的一切都掠走了。那麼卡蜜兒本人留下了什麼呢？卡蜜兒的弟弟、作家保羅在她的墓前悲涼地說：「卡米耶，您獻給我的珍貴禮物是什麼呢？僅僅是我腳下這一塊空空蕩蕩的土地？虛無！一片虛無！」

一場風花雪月的故事落幕了。羅丹對於一個情人，一個第三者的冷酷，絲毫無損於其大師的稱號，就像一顆小星星和太陽的光芒無法比擬一樣。但是卡蜜兒作為一代才女，命運對她卻是太殘酷了。

思想觀念陳舊的女人，並不認為她們對這個世界有責任。她們總認為自己是劣等的、依附於男人的。這些沒有獨立意識與自我成功意識的女人，從未作為人生的主人昂首挺胸地站在其他成員的面前。她被封閉於她的家庭之中，認為自己是被動的。在這個意義上，可以說她們是失敗者。

依附男人是阻礙女人獨立和成功的最大障礙，無論一個女人多，多麼富有才華和智慧，總是容易在感情上受到致命傷害而找不到正確的人生航向。天才少女卡蜜兒為她的導師和情人羅丹奉獻得太多了。她喪失了自己的獨立性後，失去了本該屬於自己的盛名和財富，到最後連愛情都失去了，可以說是她鑄就成了自己的人生悲劇。

女人對感情的期望值往往很高，甚至有不屈不撓、執迷不悟的堅韌與痴迷。要知道感情為女人所贏得的世界是有限的，如果女人能將身心從一個男人那裡儘早轉向整個世界的話，那麼這個女人的人生必將是豐富充實而色彩斑斕的。

# 第一章　男人不是永恆的提款機

# 第二章
## 「她時代」的「白骨精」

## 第二章　「她時代」的「白骨精」

　　人類已進入「她時代」。在 2000 年，美國方言學會舉行了一次有趣的「世紀之字」評選，結果出入意料：「她」以絕對優勢戰勝「科學」等候選字，成為「21 世紀最重要的一個字」。隨後，「她時代」便成為 21 世紀的一個別稱。

　　「她時代」有些什麼特徵呢？這個時代的特徵是：「她」開始主導消費，引領時尚，笑傲職場。「她」工作著，也美麗著；成功著，也享受著。「她」獨立，絕不附屬；精明，不失柔情；果敢，不缺乏親和力。

　　從炙手可熱的政壇，到風雲變幻的商界，到過去只有男人獨撐門面的各行各業，如今都活躍著女人的身影。她們是時代的幸運兒，是美麗的「白骨精」──白領、骨幹、菁英。

# 學會職業化生存

　　人在職場，就要學會職業化。職業化分為顯性與隱性兩種，顯性的是明顯的規章制度，隱性的則是潛在的遊戲規則。前者清楚明白地寫在紙上，要求妳遵守，否則會付出相應的代價；後者則隱祕地藏在職場之中，妳可以不遵守，儘管妳也需要為不遵守而付出代價，但很多時候這種代價是在妳不知不覺中付出的。

　　下面我們將列舉職場的隱性遊戲規則。這些規則往往最容易被忽略、怠慢與違背。

## ■ 有要求請直接提

　　有什麼要求、想法、看法，因為害怕拒絕或錯誤，喜歡拐彎抹角說。在生活中，拐彎抹角說話也許並沒有什麼壞處，有時甚至能贏得別人的好感。但人在職場，工作上的事情最好別拐彎抹角。直截了當，這個策畫行

就行，不行就不行，只要能把為什麼行、為什麼不行的理由說出來就行了。不要繞來繞去，把大家繞暈了。

## ■ 勇於表達

妳是否有類似的經驗：男同事在會議中總是非常踴躍地發表意見，滔滔不絕，似乎有備而來。事實卻可能是：他對提案沒有比妳熟悉，而且妳手上準備的資料也比他更周全。但妳從沒有機會表達妳的意見，主管不知道妳的存在，更未知像妳的專業程度。最後的結果是，公司採用男同事的提案。

如果從小就被鼓勵做事要勇敢，要勇於表達自己的看法，時常參與各項比賽、運動競賽等活動，早已習慣競爭和輸贏，就會了解沒有永遠的贏家。女人總是習慣準備所有的功課，雖然非常細心負責，卻不擅長發言，往往是準備 100 分，到最後的分數卻大打折扣；而男人準備 60 分，卻常有表達到 100 分的成績。

## ■ 掌握表達的技巧

開會是最有效的溝通方式之一，要讓高層主管在有限的時間與注意力集中地傾聽，妳的報告必須簡短有力。主管期待聽到精彩的 10 分鐘，而非囉嗦又沒組織的 30 分鐘。表述模糊焦點，加上冗長的解釋，會讓聽眾喪失耐心。

開場白應避免使用軟弱的字句：「很抱歉打擾妳的時間」、「大家一定都曾想過這個創意」。妳可以訓練自己的報告技巧，學習如何自信地傳達意思，以直接有力的開場白加上自信堅定的有信心地回答問題。只要在會議報告中留下深刻的印象，就有機會獲得主管的青睞。

第二章　「她時代」的「白骨精」

## ■ 主動推銷，贏得機會

　　相對來說，男人慣於主導職場環境，一有機會便很自然地推薦自己，爭取表現的機會，扮演火車頭的角色。而女人則比較習慣默默耕耘，等待主管的賞識。

　　不要孤芳自賞，整天努力工作，然後待在辦公室內，以為老闆一定知道自己為公司鞠躬盡瘁。一味被動地等待他人的發現是極為愚蠢的想法，尤其是妳的上司乃至老闆。他們不知有多少事要考慮，多少關係要處理，妳勤懇的工作態度他們固然不會視而不見，但若指望他能夠明白妳的真正需要，那可是天方夜譚了。所以別太天真了，聰明的做法是適時找老闆講出妳真正的需要，這樣反倒會讓他覺得妳是一個了解自己並充滿自信的人，委以重任不說，關鍵是妳得到了自己真正喜歡的工作。

## ■ 公私要分明

　　當有關係很好的同事在會議上反對自己的提案時，若會感覺受傷，認為是其他原因所致，接下來也間接影響彼此工作上的合作。但如果表現出無所謂，今天在會議中處於競爭對立的立場，明天卻一起去唱卡拉 OK，公私涇渭分明，兩者無關，也不會產生矛盾。

　　職場是一個理性的場合，建議在職場中應以工作職務為標準，不要因為朋友的關係而影響了對公事該有的專業判斷。即使彼此不是朋友，只要工作上能配合，能共同達成目的，就可以合作。夾雜私人感情在工作裡，反而會影響工作效率。在公司內，如何與同事保持適當距離非常重要，若時時要顧及朋友情誼而誤了公事，必定會產生負面效果。

## ■ 不做濫好人

葉子是外貿公司的公關部助理。也許是由於工作性質的原因，經常要和公司上上下下的人打交道。葉子本身是一個謹小慎微的人，她深知在大公司做事人際關係的重要和人言可畏的後果，所以她處處留心，生怕得罪了同事或上司，生出什麼枝節。對每個人她都是有求必應，笑臉相迎，從來沒有對周圍的人說過「NO」，她本以為自己的為人處世可算得上是天衣無縫了，可不知為什麼，漸漸地她成了辦公室裡最不受歡迎的人。她感到疑惑和委屈，因為她自覺沒有做錯任何事，相反由於自己對別人有求必應，使自己無形當中做了許多額外的工作，占用了大量的時間。直到有一天，一位從前和她要好的同事告訴她緣由，才讓她恍然大悟。原來正是由於她的過度隨和，使人覺得她虛偽，不可相信。

其實有像葉子這種心理的人為數不少。這種為人處世的態度非但不聰明，其後果往往會使自己處於一個尷尬的境地。其實身處職場，大可不必為了博得所有人的歡心而為難自己，只要本著個人的原則。坦誠共事，就不失為明智之舉，相反，若把自己引入一個人際網的漩渦之中，非但妳的業績不會有所提高，能否在此久留都可能成為問號。所以·還是將自己的大部分精力投入到本職工作中，做出成績才是在公司立足的前提。

## ■ 歡迎挑戰

性格溫柔、善解人意的梅是一大公司的業務主管。談起她成功的祕訣，梅如此說：「成功需要艱苦的付出，同時也需要一點冒險精神。以前，我在另外一個部門工作，屬於比上不足、比下有餘的一類，所以對現狀很滿足。直到有一天，公司內部重組，老闆找到我，問我是否願意去拓展一項薪業務。說真的當時心裡真是沒底，可最後還是硬著頭皮接下了。

於是，才有了今天這個樣子。當然，這其中也不乏努力與艱辛。」

有句老話說得好：不入虎穴，焉得虎子。成功需要艱苦的努力，但更需要勇氣和敢於冒險的精神。不少女性在重任與挑戰面前，總是喜歡擔心自己能否勝任。人一旦懷疑自己做不到、做不好，行動起來就容易畏畏縮縮，最後不僅過程不好看，結果也不理想。克服懼怕心理，面對挑戰，相信自己能行。這恰恰正是成功者與平庸者的差別所在。

## ■ 做問題的解決者

問題，問題，問題！老闆僱妳來上班，為的就是來幫他解決一個又一個的問題。如果出現妳不能解決的問題，妳本身就成為一個問題，老闆隨時會把妳解決掉。

人在職場，要做問題的解決者，而不是問題的抱怨者。有的人一碰到問題，總是習慣於先抱怨一番，再從問題的實際出發嘗試解決它。這種方式真是費力不討好，儘管問題最終解決了，但喋喋不休的抱怨，還是將功勞抵消了大半。問題並不可怕，一個真正自信、想提升自己的人，不僅不會躲避問題，而且還會歡迎問題、挑戰問題、解決問題。其實人的一生就是不斷地解決一連串的問題的過程。在這個過程中，我們將問題踩在腳下，壘高了自己。

可以這樣說：一個人解決問題的能力有多高，他的生存能力就有多大！查爾斯・凱特林（Charles Franklin Kettering）是美國著名的工程師和發明家。他在通用汽車公司實驗室的牆上掛了一塊牌子，上面寫著：「別把你的成功帶給我，因為它會使我軟弱；請把你的問題交給我，因為這樣才能增強我。」

### ■ 擔負更多責任時，要獲得更多權力

若在企業裡多擔任副手、軍師的角色，又安於現狀，就算做的事愈來愈多，卻不會主動要求享有更多的職權，以獲得升遷的機會，很難在職場中更上一層樓。

在擔負更多責任的同時，切勿忘記要求有更多權力，這樣不但可以讓自己有更大的發揮空間，也會擁有更多資源，使工作更有效率。

### ■ 展現幽默與笑容

在各種公開場合中，會有一類人會非常認真、嚴肅地看待所有的事，缺乏幽默感。若妳過於嚴肅，別人往往不知如何開始溝通的第一步，容易與妳保持距離。男性則擅長運用幽默或緩和緊張的氣氛，或讓別人更易接受自己的看法。有的男性甚至認為女性天生就不會講笑話。因此女性在聽到笑話時，應盡量展現妳的笑容，表示妳享受幽默的樂趣，接受較幽默的表達方式。有時，即使妳已聽過同樣的笑話了，仍然可以展開笑容，營造幽默的氣氛，這是表示贊同與鼓勵的方式。

## 當然也別太古板

一提到職場，所有古板的規則就浮現在人們的腦海中。似乎女人一踏入職場，就應該把性別差異一腳踢開。似乎在職場裡凸顯女人味，是懦弱的表現。

女人如水般充滿柔情，在職場裡女人也要懂得示弱，貌似天真，才能獲得別人的幫助。如果妳看上去咄咄逼人，別人心裡早有戒備，那妳就寸步難行了。

# 第二章 「她時代」的「白骨精」

　　章子怡在《英雄》中扮演了一個沒有幾句臺詞的小配角，口口聲聲把梁朝偉扮演的角色稱為「主人」，一副依附、順從、弱勢的姿態，不僅讓人驚嘆：此小女子不可小視，這樣的小角色她也能接，足以窺見她對電影的執著和熱愛。而媒體也因此一改以往對她耍大牌的負面報導，開始對她心生敬佩。在職場中，如果妳的上司是一個非常職業化的人士，運用章子怡的這種做法會比較管用。

　　女人味既可以是策略上的示弱，以柔克剛，使自己占據主動，也可以是技巧性地迴避矛盾，解決問題的方式，會使自己養成逐漸成熟的職業習慣。

　　在男性強勢的職場上，女人想要打下一片江山，必須學會運用「女人味」，甜美的笑容，得體的裝扮，嬌嫩的嗓音，溫柔的氣質……這些都是女性的獨特「味道」。現代女性不應再扮演冰山美人，板著臉孔堅決維護「男女授受不親」的古訓，反而應該善用「女人味」，在自己的周圍營造和諧的工作氣氛，並憑藉自身的實力和才幹，用女性的魅力包裝自己，以尋求出人頭地的機會。不過這裡說的是「女人味」，不是教妳腦袋空空當「花瓶」，以美色迷惑男人，光憑色相獲得高薪，那只能被別人所不齒。

　　女人味是一種優雅的魅力，能讓女人在追求事業的時候獲益良多。只要有魅力，即使不是美女，依然有著動人的「女色」。

　　例如，一位會使用「我錯了」的女經理，無論對下屬或是上層，她一定能比一位開口必是「妳錯了」的女經理更能被別人接受，更能遊刃有餘。當爭端出現，「妳錯了」就意味著孰是孰非的辯論姿態，而「我錯了」發送的是求和的信號。爭強與示弱，會導致兩種截然不同的結局。

　　傳遞「女人味」不是要妳有事沒事和男人打情罵俏，而是要妳保持親和力，臉上時時帶著笑容，讓男同事了解妳、欣賞妳的魅力。

　　女人具有溫柔的先天特質，女人柔弱的特質在男人眼中絕對是優點，而且也是督促他們努力表現的最佳動力。當妳和辦公室的男士意見不統一時，先別爭吵得臉紅脖子粗，應該保持風度，維持笑容，氣定神閒，甚至可以擺出一副低姿態來促成僵局得到有效化解。大部分男人都是吃軟不吃硬的，當妳擺出願意妥協的姿態時，他往往會先被妳所軟化，妥協得比妳還徹底。後發制人也未嘗不是一個好辦法。

　　女人並不是天生感性的動物，她們一樣可以理智。一個能恰到好處地顯示自己威嚴的女人，會讓人覺得既親近又不可侵犯。她們善於在眾人面前喜怒不形於色，擺出能駕馭所有人的氣概。這樣的女人不但會受到朋友的敬仰，就連敵人也對她們敬畏三分。

　　不過，在一個以男性為主導的職場上，女人要建立個人的工作風格，是不應該太男性化 —— 冷酷、倔強、果斷，也不應該太女性化 —— 軟弱、情緒化、被動、猶豫不決。許多男人都認為女性不懂得控制自己的眼淚和情緒，因而所做的決定是不值得信任的。如果妳想大哭，妳最好找個沒有人的地方發洩\內心的鬱悶。若能在適當的時候、適當的人前面前運用「淚彈」，也未嘗不是一個好辦法，含淚欲滴‧低聲哭訴，或許更能博取同情，達到自己的目的。

　　當妳的身心不堪重負、悲傷、恐懼的時候，請務必學習自我調節，調節自己的心態，妳可以向父母撒嬌，妳可以向老公或男人撒嬌，但生活不容許妳的撒嬌。要學會控制情緒和眼淚，勇敢面對失敗和壓力，只有這樣，才能贏得尊敬和同事的認可，為自己贏得一片晴朗廣闊的天地。

# 這樣做也許正好

在一個相對男性化的職場裡，女性要想成功，無疑要付出比男人多數倍的努力。職業女性首先要意識到的就是職業不過是妳的角色之一，不要對自己的心理需求視而不見。下面是白領女性在辦公室行事的 6 個標準，遵循它可以為自己營造一個和諧的工作空間。

◆ **不要和同事有過密私交**：通常朋友是我們在遇到困難時第一個想到的人，但是再好的朋友一旦碰到利益的紛爭，勢必會產生矛盾。平常過密的私交可能會為自己埋下定時炸彈，遇到利益衝突時，甚至會產生嚴重的心理傷害。

◆ **用熱情溫暖每一個同事**：學會每天來到公司，對每一個遇見的同事說聲：你好。不管是不是同一部門的同事，都要主動打招呼。總經理、主任、保全、清潔人員，大家只有分工不同，而沒有高低貴賤之分。妳需要記住的是，尊重別人就是尊重妳自己。

◆ **修飾自己也要讚美別人**：職業女性的外表修飾無疑是每天良好工作的開端，恰當的服裝，典雅的妝容，不但能調節辦公氣氛，還能營造美好的心情。在扮美自己的同時，也不要忘記讚美身邊的同事，不要怕肉麻，其實大家都需要一點點讚美。

◆ **尊重上司還需努力溝通**：不少女性由於害怕被別人閒話而遠離男性上司。其實，適當的溝通無疑能為妳的工作營造良好的環境。當然了，與上司的接觸最好選擇在工作時間，例如，共進午餐時。

◆ **善用禮物建立良好關係**：同事升遷、過生日、簽下大單，總是不斷有大大小小的喜事。此時恰當的小禮物不僅能以示祝賀，還能盡顯溫馨。一盒巧克力、一瓶香水、一個皮夾，禮物作為情感的載體往往能

有舉足輕重的作用。

✦ **出色工作改變花瓶印象**：美貌是職場女人最不牢靠，同時也是最危險的資本，而智慧是女人最值得仰賴的利器。容貌嬌好的女性很容易被人當成花瓶，所以在工作中更要加倍努力。善於表達自己的觀點，樹立明確的工作態度，勇於承擔責任，用事實證明往往勝於雄辯。

# 乖女孩賺不到大錢

知名的管理顧問法蘭柯，曾在他的著作中指出：因為從未要求加薪，平均每個女性在其一生中損失 100 萬美金。他在書中呼籲：不要等待老闆主動提出加薪。不管妳在哪個行業，學會獲取妳應該得到的薪水，自己掌握未來。

根據法蘭柯的調查，男性要求加薪的主動性是女性的四倍。為什麼男性收獲更多時女性還是無動於衷？──「男性並非都比女性做得更出色，但是他們在工作場合表現得更有進取心，比女性有更強烈的願望，認為自己應該獲得更多。」

另一個美國女性學者在她的著作中指出：「由於男女自小接受的觀念不同，情況會更複雜，就女性常常被灌輸的觀念來說，比較具影響力和破壞力的是：妳一定要做個『乖女孩』。即便到了今天，很多女孩和女人仍然是『乖女孩症候群』（GoodGirl Syndrome）底下的犧牲者。簡單來說，乖女孩症候群是指妳必須討人喜歡。妳怕惹人生氣，造成對方的不悅。」

她說：「女性被灌輸的觀念是，只要妳遵守規矩，只要妳努力工作，只要妳讓身邊的人高興，就會得到報酬。」她還舉出了例子：「茱蒂還記得十幾歲時當保姆的經驗：托她看孩子的那位父親，曾對她提出很不合理的要求。當她幫忙看小孩時，他會要求她把所有碗盤洗乾淨（他們故意留

髒盤子給她洗），還得用吸塵器打掃整間房子，幫小孩洗澡，最後再把剛洗好的衣服全部折好。茱蒂覺得她的薪水這麼少，卻得做這麼多事，實在不合理，於是向自己的母親抱怨。但母親卻要她做個『乖女孩』，至於其他的什麼也沒說。她應該做那些額外工作，因為有工作就很幸運了。如果抱怨，可能連工作都沒了。她工作的那戶人家僱了兩個保姆，有一次發現，雇主竟然給其他保姆比較高的薪水。她覺得很難過、很生氣，別的保姆賺錢比她多兩倍，但她還是不敢要求加薪。」

當一個女人想要求加薪時，「乖女孩症候群」便會出現：如果我要求加薪，他們還會喜歡我嗎？會不會觸怒他們？這些想法或許不會明白地出現在意識中，但卻常常潛伏在心裡。

當一個女人害怕得罪別人時，她當然不敢在工作上為自己據理力爭。事實上，做「乖女孩症候群」的犧牲品，至少不必為爭取自己的權益而傷透腦筋 —— 管它是薪水、加薪，還是更多福利。自願當「乖女孩」的婦女，能安於很少的薪水或緩慢的升遷，甚至低估自己的工作能力。

不管是要求加薪還是談判薪水，這種開口要求更高收入的行為都會把我們推到安全區域之外。沒有人想離開自己的安全區域，因為它是這麼安全又舒服！可是妳也知道不爭取權益的下場是什麼。如果妳一味安於低薪現狀，對升遷機會毫無興趣，妳就等於破壞了自己的未來 —— 一個妳必須為自己負責的未來。一輩子安於現狀，害怕爭取應該有的權益，將為妳這一生帶來數十萬元的隱形損失，而且也意味著妳現在不會有錢去享受人生。

在這裡，編者要告訴那些職場乖女孩在出色地完成工作外，如何為自己爭取應該得到的薪水。

◆ **多少為夠**：如果妳要求太多，老闆不會考慮。但要求太少，妳也會貶低自己。而且，透過妳的「報價」是否合理，老闆會清楚看出妳是否有備而來。妳應該做些調查，看看在同一個行業別人拿多少。記住：跟妳的同事比薪水是很糟糕的辦法。職場專家警告說：「千萬不要讓人覺得妳很清楚妳的同事做得如何。」他們建議這些消息不妨透過上網查詢等渠道，查看同行的行情就行了。

◆ **如何攤牌**：在見老闆前，寫下 5 個妳為什麼可以加薪的理由，而且盡量詳盡。例如，妳在改善公司金融方面作出了貢獻，妳學會並應用至關重要的革新技術等。對著鏡子練習如何跟老闆攤牌。當真正見到老闆的時候，妳就會因為排練過而遊刃有餘。面談時要充滿自信。不要扭捏，不著邊際。要明確地告訴老闆妳想要什麼，妳憑什麼可以得到。

◆ **老闆說「不」，怎麼辦**：提出加薪，尤其是第一次，對於每個人來說都是非常困難的，因為妳要赤裸裸地談錢。這對於不少人來講確實難以適應，似乎大多數人習慣「服從」模式，而不能自己去爭取更好的生活。一定要改變這種觀念，命運是要掌握在自己手中的，要樹立自信心，認知到自己創造的價值，應該得到更多的回報。一旦請求加薪的要求沒有得到批准，千萬不要氣餒，既要尋找自己的原因，是不是自己真的就只值這些錢了，還要考慮是不是自己的對策有問題，是不是自己做事情沒有被發現或被真正了解。

◆ **下一步怎麼做**：如果沒有得到加薪，妳仍然可以賺到更多的錢。問問妳的老闆需要怎麼做才能加薪。改變當前的工作方式？接手額外工作？透過證明妳願意更加努力工作來賺多點，向老闆表明妳是做好心理準備、是願意為公司付出的。如果妳的上司拒絕為妳加薪，妳可以問問：「現在不加，什麼時候才加？」

◆ **最後一招──跳槽：**把自己推向市場，看自己究竟「值」多少錢。是否所有的跳槽都會滿足妳提薪的要求呢，答案是否定的。因為當妳辭職時，許多不確定的因素就擺在了妳的面前，例如，暫時沒有了經濟來源，妳原來確定的公司忽然不想再要人等，諸如此類的問題會接踵而來。在跳槽之後幾個月的時間內妳一直在不停地忙碌著，這也是隨行就市的特點，一旦妳不再適應這種生活，妳的價值也將下降。
跳槽之前應該首先清楚自己有沒有把握獲得更高的薪水，還要了解妳的適應能力有多強，做各種比較之後，確定到底如何做才是最合算的。如果妳跳槽的原因僅僅是因為薪水，妳還有一線希望，那就是在辭職前被老闆用高薪挽留。這是有可能的，但妳千萬不能因為有這種可能而「跳槽」，一旦老闆識破妳在要挾他，他絕不會就範的。

# 新官上任如何服眾

無論妳能力多好，一定會有人妒忌妳，尤其是那些年紀比妳大，資歷比妳深的人。他們會認為升官的應該是他而不是妳！許多公司的經營決策階層對於提升一個女性領導者，要比提拔一位男性小心謹慎得多，原因是一位女性領導者面對的屬下負面情緒遠比男性領導者大得多。很多男人對於受到同性管理覺得理所當然，但是對受制於女性卻非常敏感，這時妳在管理時所採用的方式將會對妳的管理效率產生極大的影響。

新官上任的女性要將工作成功地開展，需要學會把男性的剛毅與女性的溫柔藝術地結合。妳可以嘗試從以下幾個方面著手。

## ■ 重視自己的職業形象

在一般人觀念中，女性領導者給人的印象是判斷力果斷，膽量不夠，

眼光短淺，心胸狹窄。要改變這一不佳形象，唯有以實際行動來表現自己的能力，女性的嫵媚溫柔也要適當地收斂。第一件要做的事，就是叫男朋友（或老媽、老公）不要在妳上班時打電話，也不要男朋友到公司常來接妳，以顯示自己的工作責任心及起碼的獨立能力。

美國形象顧問古蘭克說：「妳在辦公室中的威信，五成來自別人如何看妳。」也就是說，讓人認為妳能力不凡，與妳實際擁有的能力一樣重要。任何有損形象的行為，如一上臺就腳軟，動不動就臉紅，一受挫就哭，或說話像非常幼稚的小女孩，這種種必定讓妳只在原地踏步……

在辦公室中，妳是一聲令下眾人稱臣的鐵娘子，還是三言兩語就委屈掉淚的芭比娃娃？如何樹立一個專業形象，讓妳的上司認真看待妳的能力非常重要。

一名 24 歲的大百貨公司採購員小芳說：「有一次，我為公司爭取到一個品牌的代理權，在與市場部開會時，副總裁竟然親自主持。」

原本是一個表現才能的大好機會，小芳卻緊張得漲紅臉，結結巴巴。「當時，我若是將精神集中在公事上，而不是對自己的臉紅耿耿於懷，那一切就會很順利，怎料我卻慌慌張張，令上級失去信心。」

過後，小芳的上司就減少她與高層接觸的機會，令她空有才能而不獲高層賞識。

在工作中淚流成河，前途往往也會大江東去。哭泣不但令妳顯得軟弱、自制能力差，公司也會考慮到，在面對客戶時萬一妳又哭起來，那公司的形象也會跟著受損，於是削減妳所管轄的客戶數。

所以，如果妳想成功，妳就必須學習控制自己的情緒，處事不驚，一個訓練方法是將自己「分裂」為兩個人。當妳早上換了套裝，準備上班時，想像妳同時「換」了一個人，這人專業而冷靜。多加練習，自信便能提高。

## ■ 照章辦事，公私分明

　　遇到涉及公事的事，要理智對待，不違原則。要果斷敢言，維護公理，主動對生活做出明智的選擇，表現出剛毅果斷的決斷能力，絕不能唯唯諾諾，處處讓步。

## ■ 不要傷害他人的自尊心

　　有些人的自尊心非常脆弱，一遇到覺得有人威脅到他的存在，便會產生抗拒心理。所以必須懂得在適當的時候維護一下他們的自尊，並誇獎他們一兩句。在眾多人面前，最好只讚美對方事業的成就，盡量避免產生不必要的誤會。

## ■ 學會與各式各樣的人打交道

　　作為一名領導者，要學會同各式各樣的人打交道，和各階層的人關係融洽，以便妳做事的時候，能夠得到他們的合作和支持。

## ■ 與男上司不要太親密

　　也許男上司不會討厭妳的親密，但在旁觀者眼裡，妳是有野心和有企圖的，隨之而起的流言可能會使上司對妳想入非非或敬而遠之。

　　上下級之間的確可能建立友誼，但是友誼過頭，過多地參與老闆的祕密，就不太好了。親密的關係有平等化的效應，這可能扭曲老闆與妳之間上下級工作關係。即使老闆對妳吐露的祕密僅僅局限於公司內部的事情，這仍會帶來麻煩。妳介入的越深，越會發現自己的行動不自由。不過，閒時也可以彼此聊聊兒女的近況。現代成功人士總樂於展示他們賢夫良父的形象。無論他 38 歲還是 58 歲，兒女總在他生命中占有至關重要的位置。

# 最不受歡迎的 OFFICE 小姐

　　辦公室因女性的存在而溫馨，生氣勃勃，當然也有一些不受歡迎的 OFFICE 小姐。她們身上某些不良的習慣，影響到作為職業女性的形象。

　　辦公室裡也有遊戲規則，不管妳是一般職員，還是部門主管，妳的工作習慣都必須遵守。否則可能吃虧，還不知為什麼。職場女性要充分地意識到在辦公室裡不比是在自己的家裡，可以那麼隨意，因為妳的言行舉止可能在被其他的人關注著。

　　為了展示真正的職業風範與素養，妳必須根除下面這些殺傷性極強的陋習，以免損失慘重。

- ✦ **凡事都有理由**：上司不管什麼時候對妳的工作提出質疑，妳都像快速搶答一樣給出一個或冠冕堂皇或不是理由的理由，這種反應展示的是妳的自衛手段，而不是解決問題的能力。在上司的眼裡，工作上不能虛心接受批評的人往往不會有什麼進步，事實也正是如此。必須牢記的原則是：除非批評是因誤會產生，否則應該收起為自己辯護的衝動。

- ✦ **喜歡清早亂聊**：是不是每個星期一清早，妳都和辦公室裡的姐妹們換湯不換藥地聊著上週末的種種？週二清早又像例行公事似的，把昨晚看過的無趣的連續劇交流品評一番？這種像學生晨讀似的交談似乎能提神醒腦，使妳很容易進入狀態，但卻極有可能使上司感到厭煩、擾亂同事工作。許多老闆都認為清早的工作效率是最高的，所以明智的做法是改變這種「一天從聊天開始」的習慣，互相打趣換個時間沒什麼大不了的。

- ✦ **開會壓線到**：先別為妳的精確準時而得意。上司會注意到開會總是最後一個到的雇員，哪怕她並沒有遲到。一而再再而三，上司還會對這

名雇員分清先後輕重和安排時間的能力表示懷疑。而且，後來者只能坐會場最差的位置，為什麼要把自己置於這種不利的局面呢？

◆ **著裝隨意，不具職業特點**：27歲的羅小姐是一家出版公司的專案經理，她覺得不穿套裝時更放鬆，工作效率更高。她最喜歡的打扮是套頭衫、短裙，加帆布膠底運動鞋，不過現在她只敢在沒有客戶來訪的日子穿。妳可以想像她的難堪，當老闆告訴她：「別穿得像個拉拉隊隊長似的出席即將舉行的公司管理層大會。」，「顯然我看上去不會激起別人的信任。」她有時也這樣拿自己取樂，切記別是公司裡同一職位中穿著最不正式的。

◆ **電話粥煲個不停**：似乎電話機上有強力膠水，一拿起就放不下來。不僅僅是老闆會討厭拿著公司電話因為雞毛蒜皮而長時間通話的人，同事也會。

◆ **肉麻的稱呼**：「親愛的，妳能幫我順便把這個文件交給老闆嗎？」，「寶貝，今天我恐怕不能完成任務了。」女性對女性這麼說，正常極了。或許妳不是我的親愛的，也不是我的寶貝，但是這個稱呼就像「美女」、「帥哥」一樣，是沒有任何感情色彩的。但對於認真且頑固不化的男人，這個稱呼就是滅頂之災，如果他對妳沒有什麼好感，一定會落荒而逃。

◆ **上司面前獻殷勤**：有些女孩的本意也許不是獻殷勤，只因為從小是個乖乖女，知道對上級要尊重，對上司正確的指令要認真執行，但表現出來總是讓外人感到她在獻殷勤，討領導的歡心。這種行為，會讓多數同事在心裡瞧不起妳，有的還會對妳嗤之以鼻。如果妳們公司的上司確實優秀，妳真心誠意佩服他，那應該表現得含蓄點，最好表現在具體工作上。有些人還經常瞞著同事跟上司反映問題，而這些問題往

往是同事們平時在辦公室裡談論的。這實際上是一種變相的獻殷勤，同事得知後也會厭惡的。

◆ **一天到晚總是在抱怨的牛**：一邊埋頭工作，一邊對工作不滿；一邊在完成任務，一邊愁眉苦臉。讓人覺得妳是個只知道對工作環境和同事的工作發牢騷的人，也許妳希望工作和環境秩序好一點，卻不能在適當的場合，用適當的方式認真提出來，而只是一味地抱怨。同事認為妳難相處，上司認為妳不服從。結果晉升、加薪的機會在不知不覺中悄悄溜走，妳只有在牢騷後繼續牢騷。

# 處理好辦公室羅曼史

一般來說，辦公室裡的男女在彼此的眼中性別多半可以忽略不計，大家為了各自的前程與生計階段性地聚在一處。而生活多半是在別處。

但凡事都不絕對，尤其是感性的東西。對每天同處一室情感尚且空白又正值婚娶的男女同事而言，無疑是上天安排的最自然的相互加強了解與判斷的機會。於是，就有了比一般同事多一點的友誼。而後，又比友誼多了那麼一點點。當有一天，這個一點點變成了許多許多，兩個人也終於宣布：我們戀愛了！

辦公室戀情隨著現代生活節奏越來越快，其發生率也愈來愈高。為什麼不呢？想想看，其實工作之後大家接觸非工作關係異性的機會越來越少，刻意去「認識」是很多人所不屑的，而「偶遇」又那麼可遇不可求。能每天了解多一些的，除了原來的同學就是現在的同事。因此，和現在的同事日久生情也就成了很自然的事。

處理辦公室中的感情關係，是許多現代上班族會遇到的情況，它可以

發生在自己身上。我們該關心的並非是故事是如何發生的，而是如何去處理它。

在一家貿易公司上班的白領杜娟最近陷入了一場辦公室戀情。隨著兩人感情的升溫，他們在甜蜜之餘不由得有些恐慌。他們既不願放棄對方，又怕因辦公室戀情而導致一方失去工作。

十步之內，必有芳草。雖然上班一族生活圈子狹窄，容易跟同事日久生情，但從多方面考慮，辦公室戀愛還是要盡量避免。

不是怕被同事取笑，那是小事而已。打得火熱的戀人恨不得馬上公開關係，任由人家指指點點，將自己的甜蜜分享出去。只是辦公室內有太多的利益關係，容易讓愛情摻入雜質。情侶一起工作會引來很多不便、尷尬，又會因工作上的意見分歧而影響感情，公私不分，徒生枝節。

所以，辦公室戀情常常導致工作倫理的扭曲和破壞，一旦有了瓜葛，往往後患無窮。曾經聽人說過這樣一句話：「男歡女愛是辦公室裡不可缺少的『道具』。」

妳可能對這樣的論調不予苟同。不過，自從有了辦公室，並且將不同性別的男女共聚一室一起工作以來，彼此互相仰慕的辦公室戀情便開始流行。

沒有人能否認，辦公室的確是容易培養戀情的極佳空間。假如名花無主的她有幸目睹一位瀟灑的男士工作起來幹練、自信的模樣，很難不對他產生傾慕；同樣，如果血氣方剛的男士看到一位儀態優雅、容貌秀麗的女士坐在其對面，恐怕也很難忍住對她心神嚮往。

雖然人人皆知辦公室戀情絕對存在，但奇怪的是這類事情的結局大多是只開花不結果，常常最後不歡而散。而且，男女當事人動不動就變成眾矢之的，公司裡負面的批評永遠大於正面的肯定。如果兩個人都是單身，

情況還稍微好些，假如其中一個已婚，那局面就複雜多了！一旦對方家屬鬧起來，說不定讓妳的風流韻事滿世界地飛。

此外，辦公室戀情容易受到置疑，主要是因為有違工作倫理。因為「公平、公正、客觀」很可能會在兩人的私人關係中被置疑。

妳或許會不以為然地反駁：「自己可以不受私情影響，絕對可以做到公私分明。」不過，到了那個時候，戀情是否真的會影響工作精神與辦事能力，通常已經變得不重要了。重要的是，周圍的同事與上司究竟如何看待這件事，因為他們總是把自己認定的標準當成真正的事實。

一般而言，多數公司都不喜歡內部出現任何形式的男女關係（外企工作的白領尤為注意），老闆不會欣賞那些沒有把精力全部放在業務上的人。很多公司甚至明文規定禁止員工談戀愛，任何觸犯禁忌的人都要被迫換工作。某些作風開明的公司，則規定在工作位階上不得為直屬關係，萬一真的遇到這種狀況，其中一人必須調到其他部門。

此外，萬一兩人的愛情不幸破裂，關係不好了之後，最大的壞處就是一旦分手就非常尷尬。跟同事談戀愛，分手後仍然被迫見面，是很不人道的一件事。如果有人事後到處說壞話，那就會影響自己的飯碗。

管理專家指出，辦公室戀情之所以危險，主要是受限於工作場所的政治性和人際關係的結構。辦公室畢竟不比在家裡，在強調階層和地位的辦公室裡談戀愛絕對是危險的。人際關係專家提出警告說：「辦公室愛情比辦公室政治更需要高明的技巧，冷靜的頭腦，否則無法保得百年身。」

有道是：愛我所愛，無怨無悔。雖然是生長在辦公室這樣一種崇尚理性與效率的土壤裡，這樣的戀情被打上更多的問號，但愛情還是猝不及防地降臨在妳的頭上。如果有一天，妳和妳的同事墜入了愛河，該怎麼辦呢？

## 第二章 「她時代」的「白骨精」

　　首先，妳需要慎重考慮：妳喜歡對方什麼，是因為他外貌吸引人；還是因為他工作的樣子吸引妳？如果妳不能確定自己對他能有全方面的了解，那麼，還是慢一點行動的好。想一想，萬一所托非人，丟了心，又丟了工作，怎麼辦？

　　倘若是真心相戀，相戀之初盡量不要使戀情曝光。兩人可以相互提醒對方別在辦公室裡談戀愛，把保密措施做到最好，爭取不留任何蛛絲馬跡，也就沒有後顧之憂了。

　　熱戀之中的男女總是會有一些甜蜜的舉動。不過妳們在辦公室中絕對不要眉來眼去、打情罵俏，盡量保持如以前一樣正常上班的狀態。就算妳們的戀情已經公開並幸運地得到了公司的允許與同事的祝福，妳們也不要做出這樣的舉動。

　　通常來說，辦公室戀情較難得到老闆的認可，如果這段戀情對妳很重要，而這份工作對妳同樣重要，兩者之間很難取捨，而戀情又不可能永久地處於「地下工作」，總會有結婚的那一天的。這時候，建議可以和老闆主動溝通，申請調換部門，不會因為妳們的戀情而影響工作的崗位。這種方式遠比老闆炒妳們其中一個要坦誠與主動得多。也許有人會認為戀愛自由、婚姻自由，老闆無權因為兩人的戀愛與結婚而「炒人」，但事實上，老闆要一個人走，不用「炒」的方法，變相地「攆」走一個人是很容易的。因此，妳必須掌握主動，力爭老闆的幫助。

　　如果兩人的戀情不幸生於辦公室，死於辦公室，無論是誰對誰錯，誰負心了，任何一方都應該保持基本的禮貌，打消報復對方的念頭。在分手之後，對同事喋喋不休地批判昔日戀人的人格或是他（她）的工作，都會讓人覺得妳是一個徹頭徹尾的失敗者。即使妳在心裡面詛咒了對方一萬遍，只要妳待在公司裡，就必須做到對他（她）禮貌而客氣。就算他

（她）離開了公司，妳也不能在公司同事面前作憤青或怨婦狀。否則，妳得到的只是別人的鄙夷。

# 向性騷擾大聲說「NO」

有調查顯示，不少的女性遭受過不同形式的性騷擾，這其中又以職業女性最為深受其害。某網站進行的有關辦公室性騷擾的調查中，11,669 人在回答「妳遭遇過辦公室性騷擾嗎」這個問題時，50.66% 的人作了肯定回答，這說明了辦公室性騷擾是普遍性的社會問題。

小玲進公司的時候，屬於小字輩，同事都是小玲的前輩與導師，他們對小玲都很好，可是突然小玲想辭職了，因為她越來越不喜歡她的主任。

小玲的座位正對著冷氣出風口，外面越是盛夏，她越是呵氣成霜。主任走過小玲身邊，突然伸手捏了捏她的手臂，「嘖嘖嘖，凍得冰冰涼呢。」小玲第二天就帶了一件外套來披著。有一次小玲和同事聊天，無意中說到自己怕癢。主任此刻卻轉過頭來，笑瞇瞇地 —— 那笑容就像電影裡的淫笑 —— 說：「怕癢的人，是性敏感呢，妳要不妨叫妳男朋友把這些性敏感點都開發出來。」小玲當時從樓上跳下去的心都有。終於有一天，主任說：「妳的胸針真漂亮。」小玲飛快地避讓，但他的手指還是在小玲胸上輕輕地點了一下。

這就是大家所說的辦公室裡的「性騷擾」。辦公室裡的「性騷擾」一直是個祕而不宣的問題，其實職業女性時常遇到此類問題，大多數是與權力人物接觸較多的祕書小姐。她們大都青春美麗，涉世未深，很容易成為好色之徒的獵物。一般來說，辦公室性騷擾多為「意淫」。例如，一些女性產品的廣告詞「沒什麼大不了的」、「挺好」等常為辦公室的男性們壞壞地掛在嘴邊。開些讓人臉紅的曖昧玩笑，或者說帶色情內容的故事；行

　　為上的性騷擾主要是故意接觸異性身體敏感部位，在辦公室環境布置淫穢圖片、廣告等，使異性感到難堪。

　　辦公室的性騷擾很大一部分來自上司。有的上司假裝關心或者賞識似的拍拍妳的肩膀，或找機會開玩笑似的摸摸妳的手、拍拍妳的腰和屁股，或兩眼色迷迷地望得妳渾身發毛直起雞皮疙瘩。

　　這種情況下女性應泰然處之，並適當地表示已聽懂弦外之音，但很不屑，騷擾者就會覺得無趣。如果妳面覆紅雲，羞怯不安，那可正是騷擾者要欣賞、玩味的，就被他們得逞了。

　　性騷擾，一個敏感而一度讓人感到難以啟齒的話題。雖然古來有之，但真正能勇敢地站出來控訴和指正那些淫魔的女性卻少之又少，就算有，也是還未出聲就被社會輿論壓死了。

　　身為女人，一個相對弱勢的群體，很多人曾有過這樣不堪回首的經歷，卻又不得將委屈往肚裡吞。據說這個比例不低於70%，其中也包括當妳好端端走在路上時，某個男人猛然潑向妳的汙言穢語。

　　辦公室「性騷擾」肯定是帶有漸進性的。就在妳不知不覺中，眼神、語調甚至體態語言都是一個警報。當令人不安的眼神刺來時，別躲避，抬起妳的頭，揚起下巴，用鄙視的眼光迴避他，垂下眼簾，視線從其腳尖緩緩向上，直至雙目對視……對於貌似關心的話語，請拿捏住他是否尊重妳的分寸。

　　雲在廣告公司工作，是個相貌平平而且比較文靜的女孩，她怎麼也想不到自己會接二連三地受到黃色 E-mail 的騷擾。起初她以為是某網蟲無聊，可有一天，那人在信中寫道：妳今天穿得很性感，紫色讓人想入非非……在震驚和憤怒之餘雲開始警覺身邊的每一個人。

　　後來她發現一個平日不多來往的男同事正在收一封電子公文，他用的

郵箱就是曾騷擾過她的其中一個。因為雲在客戶競標時的設計總是贏他。第二天，雲在取得總經理和其他主管一致同意後，把部分黃色 E-mail 內容連同發信者的電郵地址影印出來，貼在公司的公告欄裡，並附上「我已知道你是誰」的警告。同事們並沒有笑話雲的遭遇，而且紛紛猜測是誰扮演了這樣一個不光彩的角色，那個男同事做賊心虛，不久便找了個理由辭職了。

千萬不要讓人可以誤會的態度，一定要堅決地說「不」。如果他有意碰了妳不願意碰的部位，妳一定要清楚地表示出來妳不喜歡那樣，並明白地表示禁止他再次這樣做，如果他說猥褻的話，妳也要清楚地告訴他，妳不喜歡聽到這樣的話，請他以後不要再說。如果到了不得不撕破臉的時候，那就當著各位同事尤其是老闆的面大聲喝止他，讓他顏面掃地。好的結果是他不敢再犯，甚至收拾走人，而最壞的結果無非是得罪上司妳走人，沒什麼好怕的。其實就怕張揚來說，騷擾妳的人比妳更怕。

妳必須了解一個事實，女人沒有辦法讓男人在辦公室內停止說他們有「性」趣的事。但是，如果妳有足夠的智慧去應付，溫和而戲謔地指出他們的荒謬，就像拿出一面鏡子讓他們看到自己出醜的模樣，至少他們會知道，以後在妳面前必須收斂一點，因為他們在妳這裡只能是自討沒趣。這樣，妳就不至於在男人們的「玩笑」中窘迫而又尷尬。

## 再忙也要記得給家人點時間

一位媽媽下班回到家很晚了，很累並有點煩，她發現 5 歲的兒子靠在門旁等她。

「我可以問妳一個問題嗎？」

「什麼問題？」

「媽媽，你一個小時可以賺多少錢？」

「這與你無關，你為什麼問這個問題？」媽媽生氣地說。

「我只是想知道，請告訴我，妳一個小時賺多少錢？」小孩哀求。

「假如你一定要知道的話，我一個小時賺兩百元。」

「喔，媽媽，我現在有兩百元了，我可以跟妳買一個小時的時間嗎？明天請早一點回家，我想和妳一起吃晚餐。」

這個故事讓人動容：時間可以換取金錢，也可以換取家庭的親情和快樂。為家庭擠出些時間吧，因為有些東西是拿錢買不到的。

在我們這個世界，許多人都認為，家是一間房子或一個庭院。然而，一旦妳或妳的親人從那裡搬走，一旦那裡失去了溫馨和親情，妳還認為那裡是家嗎？對名人來說，那裡也許已是故居；對一般的百姓來講，只能說曾在那裡住過，那裡已不再是家了。

家是什麼？1983 年發生在盧安達的一個真實的故事，也許能為家做一個貼切的註解。

盧安達內戰期間，有一個叫熱拉爾的人，37 歲。家族一共有近 40 口人，父親、兄弟、姐妹、妻兒幾乎全部離散喪生。最後，絕望的熱拉爾打聽到 5 歲的小女兒還活著，他輾轉數地，冒著生命危險找到了自己的親生骨肉，在悲喜交集中，他將女兒緊緊摟在懷裡，第一句話就是：「我又有家了。」

在這個世界上，家是一個充滿親情的地方，它有時在竹籬茅舍，有時在高屋華堂，有時也在無家可歸的人群中。沒有親情的人和被愛遺忘的人，才是真正沒有家的人。

生活中，我們常常聽見有人說，「等我有錢了，一定要讓我爸我媽過

好日子，讓他們去旅遊，讓他們……」但是，又有幾個人知道這樣一句古話「樹欲靜而風不止，子欲養而親不在」呢？

很多人都有這樣的經歷：父母為了把我們養大成人，捨不得吃，捨不得穿，千方百計地保證我們的開支。物換星移，當年的孩子步人工作崗位了，他要結婚，要買房，幫孩子存學費……在這樣那樣的忙碌中，他忽視了遠在老家的雙親。也許，他還在想：等我再有些錢，就請他們上大飯店好好吃一頓，讓他們出去旅遊……然而在妳賺錢的過程中，忽然有一天，妳發現這些錢已無法再花費出去。這種痛永遠無法彌補；這種傷永遠無法癒合。

錢沒有賺夠的時候，但人的生命卻有盡頭。請在給予家人愛時，不要再為自己尋找等候的理由。

# 第二章　「她時代」的「白骨精」

# 第三章
# 風情萬種的魅力女人

　　女人的風情是指女人的風度與情調。裙裾輕飄，裊裊淺行，盈盈水眸，回望一笑，這些都能在不知不覺間扣緊他人的心弦，讓他人如飲甘露。

　　真正的風情，不在於賣弄，而在於自然地流露。風情在於女人對自身恰當地掌握，斂與放的分寸至關重要。如果妳過於收斂風情，也許妳就顯得端莊典雅有餘，但韻味風情不足；如果妳過於張揚放肆，妳就失之於輕佻風騷。

　　除了眼神裡的風情，女人在形體語言、身體曲線、音容笑貌、服飾妝容、衣鬢流香之間，也會風情搖曳。她們身上的每一處細節、一招一式都可以風情十足。風情是非常女人化的一種成分，它無形無色，像丘陵的微風，妳感覺不到它的存在，卻看得見滿坡枝葉的搖動，這股風來自於內心。

　　風情萬種不是美女的專利，風情是一個人對精緻的追求，是一種生活的態度。風情萬種的女人，不會隨著時間的流逝而枯萎。她們是人生四季裡的長壽花，鮮豔卻不大張揚地盛開著。

# 女人怎能沒有女人味

　　做女人一定要有女人味。女人味讓女人嚮往，令男人沉醉。女人的味道是女人的內涵，女人的神韻。女人有女人味，三分漂亮可增加到七分，女人無味道，七分漂亮可降落到三分。

　　也許妳會問：究竟什麼是女人味？要想幫女人味下一個準確的定義，還真不容易。也許是一個溫柔的眼神，也許是一個優雅的姿勢，也許是一個淺淺的笑意，也許是一句淡淡的問候，也許是一個無言的關懷，也許是一個體貼的舉動，也許是一個善良的幫扶，也許是一個理性的反應，也許

是不經意流露出的品味，也許是處亂不驚的寧靜心態，也許是笑對人生的淡泊情懷……

所謂女人味，是一種個性，每個女人都擁有，只是各不相同。

張曼玉有高貴的女人味。她的韻味已經可以超越時間，即使是撥弄髮絲都有著風情無限。她認為自己的心態還是和 20 年前一樣，讓每一天過得豐富那就足夠了。各式各樣的工作，各式各樣的地方，碰到各式各樣的男人，發現和他們有共同語言了，就聊上兩句，感情說不定「啪」地一下爆發出來。她給妳的啟示是做女人最好跟著直覺走，否則將來就不會有驚喜。享受自己忙碌的日子，等待緣分降臨的一瞬間。只有當妳享受自我的時候，妳才是最有魅力的。

劉嘉玲有優雅的女人味。因為年齡的增長而更顯出成熟女人的優雅氣質，美麗到無以復加。她心中美的榜樣則是奧黛麗·赫本，她是優雅的最佳證明。

舒淇有真實的女人味。率性的女人，從不隱晦自己的經歷，坦然面對生活中的快樂與痛苦。她從不介意人家講她拍過三級片，以前常常被別人這樣說，她也習慣了。以前她也許是年少無知，但是沒有那段經歷，恐怕也就沒有現在的舒淇。

莫文蔚有神祕的女人味。她像一個最純真的女妖，笑容燦爛，眼神蠱惑。她不喜歡在媒體上面說東說西，可能是這樣的原因，大家會覺得她很神秘。她說自己有空的時候出海去看看海豚，心情就會變得非常開心。做女人應該是被呵護的，自己簡單一點，快樂一點。

林志玲有嬌嗲的女人味。光滑的皮膚、模特的身材、良好的修養、甜美的娃聲，林志玲毋庸置疑。她說自己不介意被人稱為花瓶，因為這證明人們對她的第一印象很好。女人不應該排斥能讓自己更光彩的小妙招，例

如，撒嬌。既然撒嬌可以讓妳變得更可愛，能讓妳更有風情，為什麼要抗拒呢？

鐘麗緹有狂野的女人味。東方人含蓄的面孔下是西方人骨子裡的狂放不羈，以大膽和出位而引人注意。她覺得自己的女人味表現在率性自然的一面。她不想讓別人覺得自己是一個花瓶，她喜歡自由地表達自己的想法和欲望。這種女人味是不經意間表現出來的自然與率真。比如，家庭主婦在全家人沒有起床的早晨，在廚房默默忙碌的身影。比如，照看家人和孩子時慈愛的表情，這個時候女人味會感染別人，影響別人。

蕭薔的女人味是歷練。女人只有經歷過人生的風風雨雨，才能歷練出屬於自己氣質的女人味。蕭薔用自己的經歷再次證明了歲月成就女人味。蕭薔說其實自己從小在一個男性化的環境中長大，別人或許很難想像她曾經多麼男孩子氣，但是內在修練帶給她很多並非與生俱來的東西。她非常喜歡自己現在生動豐富而又風情萬種的樣子。

伊能靜的女人味是才氣。演戲間歇，她與文字惺惺相惜，瘋狂地看書也愉快地寫書，也只有這種骨子裡的喜好才會令人如此真實。她認為女人味是被愛的感覺，被妳的另一半、親人、工作夥伴和支持者深深地熱愛並欣賞，妳就會有女人味。

清純秀麗，楚楚動人，是一種女人味，讓人生憐；風情萬種，舉止優雅，是一種女人味，讓人動情；雍容華麗，貴族氣派，是一種女人味，令人臣服⋯⋯這個世界上有各式各樣的女人味，不要覺得自己不可能擁有。妳總會找到屬於自己適合自己的女人味。

女人味首先來於她的身體之美。一個有著柔和線條，如綢般烏黑長髮以及似雪肌膚的女人，加上湖水一樣寧靜的眼波和玫瑰一樣嬌美的笑容，她的女人味會撲面而來。

但女人味更多的來自於她們的內心深處。一個有著水晶一樣乾淨的心的女人，一個溫柔似水、善解人意的女人，一個懂得愛人的女人，她的女人味由內而外，深入人心。能憑自己的內在氣質令人傾心的女人，是最有女人味的女人。

妳想有女人味，少不了要有女人應有的溫柔、溫順、賢惠、細緻和體貼。在傳統和現代之間尋找一個平衡點，在追求性感火熱的時尚之美時不摒棄傳統古典的雅緻婉約，在事業上與男人比翼齊飛，也不失一個小女人的小情調、小方法和小幸福。

她工作繁忙，卻從無愁苦面容，再緊張也是微笑嫣然，於不經意間散發出細膩沉鬱的香味。她親切隨和，每個人都願和她親近，哪怕是最隱祕的情感問題，也會說給她聽。與她談天說地，常給妳人生的啟迪，讓妳沉靜，教妳努力，感受到生活的美好與希望。

不管妳是白領還是藍領，待字閨中也好，初為人妻也罷，作為女人的妳，永遠不要大大咧咧。要記住，凡事有分寸，矜持。

外表漂亮的女人不一定有味，有味的女人卻一定很美。因為她懂得「萬綠叢中一點紅，動人春色不須多」的規則，具有以少勝多的智慧；憑藉一舉一動，一言一語，一顰一笑之優勢，盡現至善至美。

# 百分百美人修練計畫

美容大師瑪娜有一個著名的公式：一分化妝＋二分服裝＋二分首飾＋二分包包＋三分姿色＝百分之百美人。這也符合一句古老的俗語 —— 三分長相，七分打扮。30 歲的女人，在打扮自己時要懂得如下遊戲規則。

一分化妝要淡雅。妝要上得乾淨，不留痕跡，似有若無才是最高的境界。過了 30 歲，日妝中藍眼影、黑唇膏是萬萬用不得的，即使是豔紅色

也要用得小心翼翼。眉要修得適合臉型，眉影要打得自然清晰，纖毫必現。不可像草書一樣在眼睛的上方留下兩道又濃又黑的炭痕。粉底要打得透明、細緻，刷油漆一樣掛著一張假臉，白是白了，美卻沒有了。上班前攬鏡細照，看看牙齒上是不是黏有唇膏（常見粗心的女子皓齒上面一點紅），再看看眉毛裡是不是藏了粉底，精緻是講究細節的，不可粗心大意。一切無誤，走出門的將是個清清爽爽的女子。

二分服裝要得體。衣服除了保暖、禦寒、遮羞之外，還有一項功能就是揚美抑醜。關於穿衣的小細節，恐怕一本書也羅列不完。服裝不在貴賤，得體是首選，再考慮其他細節。過了 30 歲就不再是亂穿衣的年齡，所以穿衣要符合身分、年齡、職業、場合，這樣才能穿出品味、穿出個性、穿出獨一無二，不能人云亦云。長裙的飄逸，短裙的簡約，牛仔褲的精練，吊帶背心的性感……不管哪一款，適合自己的才是最好的。穿衣要穿出自信來，自信的女人是美麗的。

二分首飾要精美。作為一個心繫美麗的女人，首飾絕對是最愛，翠玉的手鐲，本色陶土的項墜，貓眼、珍珠項鏈、鉑金指環、鑲鑽耳釘和髮夾……也許有些首飾只伴了妳從公司到回家的路，但我相信每一款都會凝結一個前世今生的約定，下次遇到喜歡的，依然還會有據為已有的衝動。精緻的女人佩戴首飾從來不會有珠光寶氣、環珮叮噹，而是彰顯個性，盡現從容與優雅，是那種增一件太多，減一件又太少的恰到好處。

二分包包要簡約。包包是精緻女人不可缺少的道具。包包除了有用來盛物之實用價值外，若與服飾巧妙搭配還有提升整體氣質的效果。包包和鞋子一樣重要，用得好是錦上添花，用得不好則是敗筆。因為包包不用像衣服一樣換得那麼頻繁，所以包包從款式到做工再到質地都要選上好的，而且要與服裝渾然一體，不能將就。皮質包包的典雅、布包的純樸、結珠

綴金包的精巧……提在手裡，挎在肩上，每一款都能演繹出一個精緻女人的用心穿搭。

三分姿色要清雅。姿色是遺傳與生俱來的，這三分要看妳的造化如何。但「腹有詩書氣自華」，就算妳沒有先天的漂亮臉蛋，還可以有後天修來的傲人氣質，這是神韻，跟最原始的姿色無關。只要妳拒絕平庸，拒絕呆板，拒絕性格上的粗線條，收斂一下大大咧咧、不拘小節的行為，想做一個精緻的女人不難。

# 女人要為自己打扮

古人云：「女為悅己者容」。似乎女人梳妝打扮，都是為了給別人看的，希望在戀人、親人、友人及世人面前使自己顯得更加光彩奪目。走在大街上，愛美的女性組成了一道流動的靚麗風景。只是，這些新時代的女性不再只是為他人而妝容，她們更大程度上是在為自己而美麗著。

對鏡梳妝，淺描眉，輕點唇，細敷粉，當看著鏡中人一點點的亮起來，心情也隨著一點點的亮起來，那時不由得感慨，為自己打扮，讓自己高興，是一件多麼愜意的事啊。

女人為自己打扮，是對自己獻上一份深深的關愛，是對自己內心的自信表示肯定，是對自己勞作的答謝，是對自己美麗的欣賞。打扮外表是為了滋潤內心，是讓心靈的清泉永遠汪著一潭碧水，讓心中的百花園永遠姹紫嫣紅，春色滿園。只有保持內心的青春，才能讓美麗長久。

一個為自己打扮的女人，必定是一個堅守自己的個性的女人。她不會因為男人的標準而喪失自己的個性。有許多女人，她們即使不是為了取悅男人，也是由於趨從心理而拷貝別人的化妝術，所以她們其實戴上了別人

的面具生活著。這有多麼可怕！

　　一個為自己打扮的女人，也必定是懂得品味的女人。自我欣賞絕不是自戀，它是由理智、客觀地對自己的認知引發出來的自信。而這種自信會使女人在為人處世上豁達大度，不陷人世俗的漩渦中。得體的裝扮，優雅的舉止，豐富的見識，這些無一不透出女人高貴的氣質和個人魅力。能正確自我欣賞的女人，聰明靈慧，她們出類拔萃，既不會盲目自卑，更不會盲目自大。懂得自我欣賞的女人光彩照人，落落大方，但燦爛的笑裡仍有一股凜然高貴的氣息，讓男人們仰慕的同時又有些敬畏，而不是讓男人產生輕薄衝動誘惑。

# 風情女人的時裝魅力

　　愛美是人類的共同屬性，男人喜歡漂亮的女人，女人則喜歡靚麗的時裝。漂亮的時裝是女人們一生的至愛，因為時裝是女人的臉面，它可以彰顯女人的尊貴，女人的氣質，女人的美麗。

　　女人在時裝上花錢從來都是慷慨大方，毫不吝惜。如果可能的話，女人總是希望自己擁有全世界最漂亮的時裝，她們絕不會因為已經擁有法國名牌時裝而放棄對義大利頂級時裝的嚮往，也不會因為擁有裘皮大衣而拒絕運動休閒裝的吸引。一件新款時裝，打動了女人的芳心，價格雖然不菲，最終還是將它據為己有，成為自己身上的又一件「戰利品」，面對女友們羨慕甚至有些妒嫉的目光，心裡的那份得意真是溢於言表。

　　新款時裝層出不窮，那件曾經昂貴、曾經時尚的服裝最終落伍了，女人寧願將它鎖在櫃子裡，寧願束之高閣，也不願再將它穿在身上。女人櫃子裡的服裝多得幾乎成了公害，仍然抱怨沒有衣服穿，於是，時裝店永遠

是她們樂此不疲光顧的地方。

　　當然，出眾的女人在人群中，吸引力是自然而然散發的，並不見得她的容貌吸引人，或她的服裝有過人之處，但是她表現出來的卻是與眾不同。很顯然，這種不同之處來自她內在的氣質和個性，以至於影響到她對服裝的選擇或某種偏愛，同時也表現出她個人對服裝的成熟態度。她不需要刻意模仿別人的穿著，也不會穿著使她感到不舒適的服裝，更不會盲目地追求流行；相反地，她會主動從各種流行趨勢中挑選出強調個人美感的部分，並且配合自己的生活方式，在相互協調下加入些新鮮時髦的元素，使服裝在生活中顯得富於變化。所以說，想要稱得上「會穿搭」，最基本的條件，就是必須懂得如何開發吸引人的服裝個性，讓別人在看到某類服裝時就會聯想到妳，這才算是有個人的風格。

# 化妝是熱愛生活的表現

　　每個女人都希望自己漂亮，希望自己有個性，希望自己的回頭率高，希望在自己的圈子裡能引人注目，能出類拔萃。然而天生麗質的女性畢竟很少，對於女性來說，化妝因此也就尤其顯得重要了。化妝不僅可以使女人更加靚麗，更有個性，更可以使天性愛美的女人得到滿足。而且，對於女性來說，化妝本來就是熱愛生活的表現，很難想像一個對生活失去熱情的女人會精心地打扮自己。

　　當然，化妝絕對是一門藝術。如果妳不知道在什麼場合化什麼樣的妝，什麼樣的妝配什麼樣的衣服，自己適合什麼樣的妝的話，恐怕別人就會把妳看成一個沒有品味的女人了。

　　化妝不僅僅指臉部，通常的做法是從頭髮開始的。妳要清楚自己的臉

形、身材，要清楚今天自己要做什麼，是要上班，還是要參加 Party 或應酬，或者是要出去旅遊，然後再決定自己穿什麼衣服，梳什麼髮型。如果是上班族，而且是坐辦公室的女性，就應該表現得端莊、大方；如果是去參加 Party，就應該表現出自己的個性；如果是去應酬，就應該表現得隆重和顯示自己的身分；如果是去旅遊，就應該舒適之中透出自己的個性。

臉部的化妝除了在晚會或舞會，一般切忌濃妝豔抹，否則會被認為不禮貌或俗氣。職業女性上班應該化淡妝，眉毛不應太細、太長，應該根據自己的眉毛原形稍加修飾，修出眉峰即可；唇膏的色彩不應太豔，要根據自己的膚色，選擇與自己膚色相近的唇彩，這樣給人的感覺才會接近自然，才會舒服。粉底也應該選擇與膚色相近的顏色，注意頸部和髮際要有自然的過渡，否則會讓人有帶面具的感覺。

對於 20 多歲的青春女孩來說，淡淡的、接近自然的化妝是最好的化妝。優雅、美麗、魅力有品味的女孩，就是這樣形成的。

## 微笑是最美麗的飾品

一個人如果想讓自己看起來很美，那麼微笑是少不了的，尤其是女人，微笑更能增添妳的魅力。

在社交場合，淡淡的微笑勝過任何名貴的飾品。

女性的微笑和她們的眼淚一樣，具有讓男人無法抵擋的殺傷力。《詩經》裡以一句「巧笑倩兮，美目盼兮」描繪出了女人笑容的最高境界，這就是「回眸一笑百媚生，六宮粉黛無顏色」的原因。在古代，女子以「笑不露齒」為美；在現代，這一標準早已被顛覆了。有一口雪白、整齊的牙齒，是件羨煞旁人的事情。如果女性有著漂亮的牙齒，那麼在笑的時候不

妳微笑，張開雙唇，露出 6 顆牙來。記住，是前面的 6 顆小貝齒，只要 6 顆就夠了。

可以想像板著的臉、怒氣十足的臉、凶悍的臉會讓人多麼難受。女性最美的是微笑、微笑、再微笑，男人向來都十分迷戀女人的微笑。從孩子出生，母親給予孩子最多的就是微笑，也因此，所有人都喜歡別人的微笑。

女性在微笑的時候，一定要表現出溫馨、關切的表情，這樣能有效地縮短與對方的距離，留給對方美好的心靈感受，從而形成融洽的氛圍。

無論在什麼情況下，都應該學會隨機應變，用微笑來面對每一個人，還可以讓人覺得妳有著良好的修養。

微笑有一種魔力，它可以使強者變得溫柔，使困難變容易，它是人際交往的潤滑劑。微笑是一門學問，也是一門藝術，女性朋友們應該學會巧妙地運用，這樣能使在異性的心中就會魅力大增。

一定要記住的是，微笑要發自內心，不要假裝。要自然、美好、真誠，切忌虛假造作的微笑。微笑時把對方當成自己最真摯的朋友將會讓妳笑得更開心。

汪婷是一位嬌小溫柔的白領麗人，丈夫高大魁梧，性情暴烈，但在家庭生活中倆人卻很少發生激烈的爭執，究其原因，汪婷說：「他在氣頭上時我從不火上澆油，不論他多麼生氣，我都對他微笑。一般來說，他很快就平靜下來。因此，有時他嘴上不服輸，但終歸是聽從我的勸告。面對他的暴烈，我只有微笑。微笑一方面暗示他事情沒那麼嚴重，以減輕他心裡的壓力，一方面暗示他這是不可取的辦法。當然，當微笑沒有用時，我會用簡潔而有力的話語警告他，但我絕不和他吵，偶爾一次地放下臉來，他會震驚，自然會三思而後行。我 99/100 柔，但有 1 分剛，我不柔得一塌糊塗。」

微笑是彼此溝通的鑰匙，全世界的人都知道用微笑能打開人們心靈的窗戶。微笑使人臉上透著安詳、慈善，它是一劑鎮靜劑，使暴怒的人瞬間平靜下來，使驚慌失措緊張不安的人立刻鬆弛下來。成熟女人的微笑讓人感到慈祥的母愛。

所以說微笑是女性又一件制勝的武器。微笑不僅能傳達出許多語言無法傳遞的信號，還能夠美容。

香港美容專家陳安妮女士對「精神化妝」法深有體會，她很坦然地說：「有的婦女遇到開心的事也不敢大笑，怕帶來皺紋。其實不用擔心，我就愛笑，可一條皺紋也沒有。」

微笑，是一種妳可以付出的快樂。

心境是會寫在臉上、身上的，心情愉快時，和人擦身而過，對方從妳臉上的表情、走路姿態都能感受到妳的快樂。仿若春風拂面一樣，他也會感到一絲的喜悅。

微笑，是自信的流露。臉上時刻掛著微笑的女人，讓人倍感親切。她能夠與人相處得很好，很容易與別人進行心靈溝通，內在的真誠的微笑，會為一張平凡的臉增添光彩。

# 舉手投足透出美感

一個富有魅力的女人，應該亭亭玉立、挺拔而不僵直，柔媚而又富於曲線，這種姣美的姿態展示了女性形體的線條美，充分表現出女性的端莊、柔美、穩重、自然和大方，看著她就會賞心悅目。

## ■ 優美的站姿

標準站姿應該是：抬頭、挺胸、收腹、肩膀盡量往後垂，將身體重心

放在腳後跟上，站的時候看上去有點像字母 T，很舒服、很自然，顯得鎮定、冷靜、大方。

有一部分女性在少女時期因害羞或訓練不夠，養成了含胸或不會收腹的姿態。正確的站立是，抬頭、頸直、雙目向前平視，下顎微收，嘴唇微閉，面帶笑容，動作平和自然。軀幹挺直，做到挺胸、收腹、立腰。兩臂自然放鬆於身體兩側，雙腿立直，保持身體正直。要讓人有挺拔、優美、莊重、大方、精力充沛、信心十足向上的印象。但為了挺胸而昂頭、挺肚，為了收腹而翹臀等姿態，都是錯誤的。

因場合不同，站立的姿勢會有所變化，可分為：正式場合的正式站姿；休閒場合的隨意站姿；舞臺場合的裝扮站姿。

正式站姿一般適用於正式場合、工作場合。肩、腰、臀挺直，不隨意，雙腳跟和雙膝要靠攏，目光直視，所表達的是坦誠的、謙和的、不卑不亢的神態。

隨意站姿適合於除工作和正式場合之外的休閒、朋友聚會等場合。頭頸、軀幹和腿保持一條直線上，不放縱身體任何一塊肌肉，但體態可以隨意。當兩腳平行分開，或左腳向前靠於右腳內側，或手相互搭握，或將一隻手垂於體側，是淑女的含蓄、羞澀、收斂的體態。當雙手交叉於腹前、手微曲放鬆，會表達性感女性曲線之美。當把一側肩微傾，分開雙腳、送出一側胯時，會讓人動感，力量從內向外慢慢滲透出來。

裝扮站姿是比較有藝術性、表現欲望強烈的站姿，一般用於舞臺表演、藝術攝影等場合。站立時，頭斜放，頸部被拉得修長而優美，一手叉在腰上，腳左右分開，重心在直立腿上，展示一種自信的美和藝術美。有一些女性在正式場合或休閒場合，也用裝扮站立，會讓人有故作姿態、造作的感覺。

我們可以每天靠著牆壁站立 10 ～ 15 分鐘。在日常生活和工作中分清場合，每時每刻注意自己的站姿，不久妳就會習慣成自然，擁有自然而優美的站姿。

## ■ 優雅的走姿

正確的走姿應該是：抬頭、挺胸、收腹、肩膀往後垂，手要輕輕地放在兩邊，輕輕地擺動，步伐要輕輕的，但是絕不能拖泥帶水。

從蹣跚學步起我們就在走路，走路的姿勢比起先天習慣，更多的是後天的學習。男人在行走時，步履雄健有力，走平行線，展示剛健的、英武的陽剛之美；而女性步履輕捷、嫺雅，步伐略小，走直線，展示出溫柔、嬌巧的陰柔之美。當一個小女孩長大後意識到要展現美時，也會從步態上去做文章，如學別人走路像流雲般的飄逸，像仙女般的款款輕盈，以呈現女性氣質高雅、溫柔端莊的風韻。因此，優美的步態，則能增添女性賢淑溫柔之魅力，展示女性自身的風采。

走路時，要以腰帶腳，重心移動，以腰部為中心；雙目平視，頸要直，面帶微笑；上半身保持正直，腰部後收，兩腳平行；膝蓋伸直，兩膝蓋互相碰觸。若能按上述要點走路，妳就能以優美的姿態展現並時刻洋溢著青春氣息。

步伐間距一般是行走中兩腳之間的距離。標準的步伐間距一般是一隻腳腳跟離另一隻腳腳尖的距離恰好等於自己的腳長。請妳檢查一下自己的是這樣的嗎？如果不是，請稍做修正。步位是腳落地時應放置的位置。女性應走直線才能展現優雅，內八字、外八字都非常難看。另外，走起路來，膝蓋和腳腕都要富於彈性，猶如踏著節奏感很強的音樂節拍，這樣的路走起來自己又有興趣，又讓別人有美的享受。

　　為了訓練自己的步伐間距，可以在家裡根據地板塊間距，練習走小步伐。因生理原因雙膝不能並在一起的，或走路內八、外八的，可以持續一階段的壓腿訓練，並在站立和走路時有意識地把腿繃直併攏，走路時沿著地上的地板線、地毯格、方磚線等糾正自己的走姿。一段時間後，妳走路的姿態就會楚楚動人了。

## ■ 端莊的坐姿

　　正確的坐姿應該是：膝蓋併攏，腳可以放在中間或兩邊。但是如果要翹腳的話，兩腿一定要併攏。坐姿如何，展現了一個人的精神風貌。女性優美的坐姿會增加幾分女性的端莊、高雅、恬靜。

　　坐立時面帶笑容，雙目平視，嘴唇微閉，微收下顎；上身自然挺直，雙肩放鬆，雙臂自然彎曲放在膝上，亦可放在扶手上；重要的是雙膝自然靠攏，雙腿正放或側放，雙腳併攏或交疊。正確的坐姿與站立時一樣關鍵在腰，無論如何坐，或坐什麼椅子，腰部始終應該挺直，放鬆上身，保持端正姿勢。

　　落座起座也會影響坐姿，入座應輕、緩、穩，動作協調柔和，神態從容自如。如果女性穿裙裝，應用一手從臀部開始往下撫好裙帶，再落座，不然落座後再起身整理不整齊的裙裝，對客人很不禮貌。坐椅子時，只坐椅面的 2/3，脊背輕靠椅背。端坐時間過長，可以將身體略為傾斜。

　　坐立時的不良習慣應克服。半躺半坐、前仰後傾、歪歪斜斜、兩腿伸直蹺起或雙腿過於分開、抖腳、雙手墊腿、用腳勾著椅子腿等，這些不雅的坐姿會讓人輕浮且缺乏修養的印象，是失禮和不雅的舉動。

　　只要在每時每刻注意自己的坐姿，知道很多雙眼睛看著妳，妳就會養成很好的坐姿習慣。

# 最是那一低頭的嬌羞

　　一提「紅顏」，誰都知道是指美貌女子而不是男子，「紅」字不止於面部的青春紅潤，還與羞澀臉紅有直接關係。緋紅的羞澀象徵著女性，但它往往稍縱即逝，所以古往今來，女性學會了用胭脂粉飾面頰，造成了羞澀常駐的效果，有助於強調女性羞澀的氣質美。「最是那一低頭的溫柔，像一朵水蓮花不勝嬌羞。」徐志摩這廣為流傳的兩句詩可謂寫女性嬌羞美的經典之作。試想，一位情竇初開的少女，粉頰飛紅，垂目掩面，如初綻之桃花，能不讓人賞心悅目嗎？

　　歷代文人騷客都注意到了女性的羞澀之美，故有出色的描寫。曹雪芹在《紅樓夢》中寫寶、黛共讀《西廂記》時，寶玉自比作張君瑞，戲曰：「我就是個多悲多病的身，妳就是那傾城傾國的貌。」黛玉聽了桃腮飛紅，眉似顰而面帶笑，羞澀之情躍然紙上。

　　現代作家老舍認為「女子的心在羞澀上運用著一大半。一個女子勝過一大片話。」不難看出，羞澀也是女性情與愛的獨特色彩。

　　羞澀，是人類文明園中最令人駐足驚嘆的風景。羞澀是人類最自然、最純真的感情外顯，它是一種感到難為情、不好意思的心理狀態，它往往伴隨著甜蜜的驚慌、異常的心跳，外在的表現就是態度不自然，臉上蕩漾著紅暈。女人臉上的紅暈，就是青春羞澀的花朵。女人羞澀是一種美，是特有的魅力。

　　羞澀，是一種感情信號，常常是動情的外在表現，是被陌生環境、場面所觸發的緊張情緒和被異性撥動了心弦的反應。一張羞澀的臉，便是一首人世間任何一位詩人也作不出的詩。

　　羞澀朦朧，魅力無限。康德說：「羞怯是大自然的某種祕密，用來抑

制放縱的欲望，它順其自然地召喚，但永遠同善同德並和諧一致。」普拉克西特列斯（Praxiteles）的雕塑〈克尼多斯的阿芙蘿黛蒂〉和〈梅底奇的阿佛羅狄忒〉都是反映女性羞澀美的名作。羞澀之色猶如披在女性身上的神祕輕紗，增加了她們的迷離朦朧之感。這是含蓄的美，美的含蓄；是蘊藉的柔情，柔情的蘊藉。「猶抱琵琶半遮面」、「插柳不讓春知道」的神韻不但能刺激人的豐富想像力，甚至使人著魔入迷，如痴如醉，同時它閃耀著謙卑的光輝，是道德和審美的反射，是一種純真善良的外在表現，有著迷人的魅力。

羞澀是一道醉的人風景，它往往反映著內心的情感變化，而且常常是被異性撥動心弦的反應。有一首詩寫道：「女孩，妳那嬌羞的臉使我動心，那兩片緋紅的雲顯示了妳愛的純真。」在這裡，一張羞澀的臉成就了一首美麗的詩。

然而，正像曾經看過的一篇文章中說的那樣，羞澀的女人在現代已經成為稀有化石了，在這個審美迷離的年代，女性越來越開放，能使睫毛翹起來的無限長的加密睫毛，液體眼瞼，棕櫚海灘色面頰，烈焰紅唇和野性亂髮，21 世紀的魅力女性，正變得越來越自信大方。很多女性漸漸地將羞澀與保守和老土畫上了等號，這個時代似乎是一個羞澀沒落的年代。

我們並不是說大方爽朗的女性就不好，事實上羞澀與大方爽朗也並不牴觸，我們這裡所說的羞澀是指某些場合下內心感情的真摯的表現，尤其是在跟男性交往的時候，如果適時地表現一下妳的羞澀，絕對會造成意想不到的結果。

試想一下，如果與自己心愛的人在一起的時候，妳因為他一個善意的玩笑或者一句發自內心的讚美而嬌羞滿面，那是一幅多麼美麗的圖畫啊！所以，適當的羞澀是提高女人味指數的又一法寶，女性朋友千萬不可忽視。

# 善解人意如沐春風

在男人心目中，與善解人意的女人交往，有如春風拂面一樣清爽。善解人意的女人，她們對人生有了一定的感悟，在待人接物中表現出自己的風格和個性美，這種女人會讓男人喜歡，讓男人感動。這樣的女人讓男人活得輕鬆，越成熟越成功的男人越會對這樣的女人有生活上的依賴和依戀。如果女人稱男人是一座大山可以依靠，那麼男人更想女人是一片靜靜的港灣，可以讓男人停靠。

善解人意的女人是嫻靜的。就像妳不會忽視了掛在廳堂裡的一幅淡雅的水墨畫一樣，在稠人廣眾之中，妳也不會忽視了一位安靜地獨坐一隅的善解人意的女人。善解人意的女人會專注於妳的談話，當妳提問的時候，她會輕聲地回答。當她高興地望著妳的時候，她臉上的笑窩也是淺淺的，讓人聯想起荷塘上小魚兒躍出水面的情景。

善解人意的女人如果結了婚，就是典型的賢妻良母。她會讓自己的家無論什麼時候都乾淨整潔，讓所有的家具、擺設都纖塵不染。她會讓一日三餐變化出無窮地花樣，讓家人總是穿戴得乾乾淨淨、整整齊齊，總是像模像樣地出現在人前人後。她會讓家庭的每個成員，走到天涯海角也忘不了她每天為大家沖泡的一杯咖啡、一盞熱茶……

善解人意的女人是這樣一種女人，她對人生已經有了一定的領悟，她知道自己身邊的這個男人雖然是她今生今世的至親至愛，但作為一個的男人，他那顆心在屬於她的同時更多的還是屬於他自己。她知道，在男人骨子裡事業有時會勝過愛情。

因此，善解人意的女人無論在什麼時候都不會把男人當成私有財產，要男人對自己言聽計從，不會在男人忙於工作時抱怨男人不顧家，也不會

讓男人時時刻刻牽掛著自己。善解人意的女人知道好男人就像是在高天中盤旋的鷹，只有當這隻鷹很累了或是想要休息時，才會回到女人身邊，才會想起享受他的愛情。

善解人意的女人知道男人既剛強又脆弱，知道有的男人把榮譽和面子看得比生命還重，因此善解人意的女人知道在男人的精神世界裡有哪些禁區。她總是很小心地不去碰這些禁區，她總是想著不要使男人的尊嚴受到傷害。

善解人意的女人絕不會和自己的男人鬥氣鬥勇，絕不會像潑婦一樣把男人打得像只鬥敗的公雞。善解人意的女人知道男人發火 90% 以上不是眼前這個原因，導火線潛存於男人的情感世界的另一處。

善解人意的女人深知平平淡淡才是真，精心別緻的晚餐，生日時的一份禮物，讀書寫作時送一杯香茗，點點滴滴都是情。

男人們多數都是極具理性的，他們不會因為善解人意的女人謙讓而得寸進尺，他們會對善解人意的女人心存感激。在生活的河流上，他們同乘一條船，用風雨同舟顯然已經不夠了，因為在男人眼裡，善解人意的女人不僅僅是坐船的，也不僅僅是划船的，而是幫著男人撐船的。

善解人意的女人是好女人。她聰明、柔美、清秀、嫵媚、有深度、善解人意、體貼自己心愛的人，她的可愛是毫不牽強的，她像空谷幽蘭，只是不容易被發現而已。

## 溫柔是一種美德

鐵娘子柴契爾夫人說過這樣一句：「女人一生所犯的最大的錯誤，就是忘記了自己是女人。」造物主為了和諧美的原則創造了男女，它賦予男

## 第三章　風情萬種的魅力女人

性陽剛之美，又賦予了女性陰柔之美。陰柔之美是女性最基本的特徵，其核心是溫柔。

女人最能打動人的就是溫柔。溫柔是一場三月的小雨，淋得妳乾枯的心靈舒展如春天的枝葉。溫柔像一隻纖纖細手，知冷知熱，知輕知重。只需輕輕一撫摸，受傷的靈魂就會癒合，昏睡的青春就能醒來，痛苦的呻吟就會變成甜蜜幸福的鼾聲。

女人的溫柔是一種美德，一種足以讓男性一見鍾情、忠貞不渝的魅力。

的確，在男人挑剔的眼光中，盯著女人靚麗的同時心裡還渴求著溫柔，在浪漫的花季，漂亮或許會占上風，但是，當男人真正讀懂女人這本書的時候，他會驚奇地發現其實溫柔才是這本書的經典之處。

溫柔是女人最動人的特徵之一。她也許不那麼完美，但她卻很溫柔，說起話來的「柔聲細語」，足以讓男人頃刻間為之陶醉。

溫柔的女人走到哪裡都會受到人們的歡迎，博得眾人的目光。她們像綿綿細雨，潤物細無聲，給人一種溫馨柔美的感覺，令人內心佩服讚歎、回味無窮。

如果妳希望自己更嫵媚、更動人、更有魅力，建議妳保持或發掘作為女人所獨具的溫柔的稟賦，做個溫柔的女人。

溫柔的女人最有女人味，不尖刻，內心柔軟但又充滿自信，芳香誘人，而又明亮嫵媚。溫柔的女人是幸福的，沒有愁怨，更不會寂寞。愛讓她的內心充盈而有力量，她的身體裡流淌著溫熱的泉水，雙眸含水含笑。她明白自己的力量所在、魅力所在和快樂所在。她優雅的情懷與寬容的氣度渾然一體，相互輝映。

溫柔的女人不是只懂得犧牲的傳統女人。她健康，她享受，她撒嬌，樣樣都不缺。同時，她不會叉腰罵街，不會怨天尤人，不會嘮叨數落，不

會像防賊一樣地防著自己的丈夫，更不會在外人面前貶低丈夫和拿丈夫取笑……

女人的溫柔不是沒主見的「乖」，而是一種美好性情，一種智慧，一種女人味。溫柔是一種可以讓人品嘗後主動馴服的甜酒，是口感細膩的佳釀。女人的溫柔不是扭曲的做作，而是讓大家舒服、更甚羨慕的品性。

現代女人，德才兼備，內外兼修。男人娶這樣的人當老婆，自在輕鬆，自信放心。她溫柔可人，但同樣會踢被子，鬧脾氣，挑食，不愛洗碗拖地板……其實溫柔只是一種為人處世的態度，也是一種品德修養，溫柔的女人並不是不能具有其他的缺點，相反，做女人最大的好處是可以一「柔」走天下。

她也許不可侵犯，但總能給人鬆弛感，雖然總是不時地考妳，但卻不給妳壓力，目光裡寫滿鼓勵與憐愛。

她聰明，但給人的感覺不是咄咄逼人，而是舒服的微笑，帶點書卷氣，瀰漫著一種味道，一種清雅的果香，一種親情的奶香……溫柔的女人也許會沒收男人手裡的香菸，但也會半夜起來陪妳看足球。她用體溫感動妳，用靈魂支持妳。

做一個溫柔的女人，不是換一套衣裙、舉一杯紅酒就可以「搖身一變」的。她的魅力來自於性格、能力和修養。她的規矩、內斂、溫順都來源於對自己表情的修枝剪葉，讓美麗由內而外地發散而出。

世上沒有哪個男人會喜歡女人的蠻、野、悍、潑、粗、俗。女性的似水柔性，對男性來說，是一種迷人的美，也是一種可以被其征服的美。

陰柔之美是女人味的最基本特徵，其核心便是溫柔，溫柔像春風細雨，像嬌鶯啼柳，像舒捲的雲，像皎潔的月，更像蕩漾的水。女性之美，美就美在「似水柔情」。

## 第三章　風情萬種的魅力女人

　　用「水」字來形容女性的柔美，真是一語道破了其中妙韻。《紅樓夢》中的賈寶玉說過「女兒是水做的骨肉」，所以人見了便覺得清爽。他把大觀園裡的姊妹丫鬟們，都看得像清澈的水一樣照人心目，一個個都顯得高潔純真、溫柔嬌嫩。在他的面前，這些女人展現了一個個有如水晶一般明淨的世界。

　　可見，女性的誘人之處正在於有似水的柔性，在於溫柔。一位詩人說：「女性向男性進攻，『溫柔』常常是最有效的常規武器。」女人的溫柔應表現在善解人意、寬容忍讓、謙和恭敬、溫文爾雅，不僅有纖細、溫順、含蓄的表現，也有纏綿、深沉、純情、熱烈的流露。有的女人無限溫存，像牝鹿一般溫柔；有的女人像一道淙淙的流泉，通體內外充滿著柔情……總之，女人的柔情各式各樣，她們像絢爛的鮮花，沁人心脾、醉人心肺。

　　「男人是泥做的，女人是水做的。」水能令堅硬的泥巴變得鬆軟如棉；水能令泥築的大堤頃刻瓦解。

　　溫柔來自女人性格的修養。女人要在自己的日常生活中，注意加強性格上的涵養，培養女性柔情。為此，要忌怒、忌狂，講究語言美，把那些影響柔情發揮的不良性情徹底克服掉，讓溫柔的鮮花為女人的魅力添彩。

　　女人的溫柔如風，可拂去心緒上的煩惱與憂愁，可滋潤心田上的乾渴與浮塵；女人的溫柔像虹，能照亮自暴自棄之人重新揚帆的錦繡前程；女人的溫柔是武器，多麼剽悍粗獷的男人也會被這樣的武器擊倒。

　　善於在紛繁瑣事、忙忙碌碌中溫柔，善於在輕鬆自由、歡樂幸福中溫柔，善於在山重水復疑無路時溫柔，善於在關切和疼愛中溫柔，善於在負擔和創造中溫柔，更善於填補溫柔、置換溫柔。這就是女人做人的藝術。

　　我很醜，但我很溫柔，是一種美，是女人自尊的人格。

　　女人之溫柔，是柔中有剛、柔韌有度，所以才柔媚可人。

總之，溫柔可以表現在各個方面，在女人的生活領域處處都能表現出溫柔的特徵。作為一個女人，應該透過學習，透過認識自己、認識社會和切身體會等途徑，去培養自己的溫柔。溫柔，對於一個女人來說，是其生活和工作中的最好的特性，既有助於她獨立地生活於社會中，又能使她擁有迷人的嬌媚。

# 性感嫵媚萬人迷

在過去，女人五官的重要性大於其他，在這種觀念之下，只有五官端正造就的漂亮才是女人可愛的唯一理由，除此沒有其他救贖之路。女人的生存權利長期以來受到了漂亮即美麗的惡意擠壓。

而「性感」實質上是對女性美的一種新的詮釋與解放。女人展示美可以不再單純地依賴五官，粉墨登場的性感使女人由平凡變美麗成為一種可能。

性感的要害是「性」，我們以往稱之為「狐媚」。唐朝的駱賓王曾用「狐媚」大罵武則天不正經 —— 即性感。但性感到底怎麼了？性感是一種自發的民主，性感打破了美麗的世襲權利。

新新女性的口號是：不需要國色天香，只需要性感嫵媚！

誰說只有外面看上去美麗、豐滿、野性的女人才稱得上性感？其實，最耐人尋味的性感從來都是超越視覺，成之於內而形之於外。性感之所以是性感，在於它能引發性的吸引力。性感置於不同的女性身上，會散發出不同的味道或產生異樣的效果。例如，「看」來的性感與本身就性感，引起人性衝動與誘人遐想的性感，媚俗的性感與優雅的性感，自然是完全不同的層次。

## 第三章　風情萬種的魅力女人

　　另外，有不少女性誤把肉感作性感，又或太著急地表現性感，太張揚地搔首弄姿，殊不知更高境界及富美感的性感，才是無形中令人痴迷的「在骨子裡的性感」。

　　性感要求女人更懂得從內至外，從頭到腳去發掘、釋放及表達潛藏著的性感魅力。

　　在現代審美的眼光裡，性感意義已超越視覺、身材或是暴露多少的問題，它是一種全感官型的展示與享受。如花燦爛的笑臉，天真或帶媚態的眼波，沉溺於思考或想像時憂鬱或出神的神態，乃至半嗔半軟的語調都是比較內斂的性感。其中，法國人就是深得流露性感個中品味的民族。不僅法語被公認為是世上最性感的語言，而且法國人擅用身體語言，如拋鳳眼、送秋波、無奈時或驚嘆時的揚眉嘟嘴。在各式身體語言中，不經意的自我觸摸正是最叫人銷魂的小動作。如不經意地咬手指、托腮、不經意地把頭髮瀟灑地向後撥、雙手輕輕地捧著臉龐、無奈時聳聳肩膀、交叉雙手輕撫著肩頭或後頸以及把手伸到毛衣內等都是嫵媚的小動作。

　　從來性感與感性都是相輔相成的。一個感性溫柔的女人，無論思考、語調、一舉手一投足，都會更細膩和更具感染力。

　　微微的醺醉不但為面頰添上緋紅，為眼神添份朦朧及柔和美，亦能釋放出或許在日間、在辦公室時緊鎖著的性感與坦蕩之美。但謹記不要喝過了火候。

　　若妳不是外表野性，適當地培養一份內心的野性，其實一樣叫人覺得妳充滿激情乃至有份神祕感。而所謂野性可以是愛冒險、愛嘗試新事物、好幻想及隨時為實現夢想而豁得出去的瀟脫。

　　無論是憂鬱的、迷惘的、縹緲的、懶洋洋的、天真帶笑的，或眼中藏著火焰的，只要有神有韻及充滿流盼，眼波便是性感的發源地。

　　法國人之所以被譽為最性感的民族，正是因為法國人表達時充滿感性及跌宕有致，而法語又像呢喃軟語，在適當的地方停頓，加強節奏感，並借韻律美帶領聆聽者漫遊於妳的思維世界，這種與人的思想感情一起舞蹈的說話風格，是性感的新境界。

　　很多女人雖其貌不揚，但一旦沉思起來，臉上自然地多了一份韻味。那些把眼神拋得遠遠，嘟著嘴或微微側著臉、托著腮的表情，就更惹人不由得要多望一眼。

　　凝肌勝雪的膚色固然如樹上熟的新鮮桃子，叫人垂涎，但一身陽光膚色配上豐腴適度的身型，何嘗不能散發野性的性感？

　　若妳的臉上出現小痣，請不要去之而後快，在適當位置，如耳垂、唇邊附近（尤其上唇右邊）與眼角附近的小痣都是「美人痣」。

　　除非妳天生冷豔不近萬物或清高得不可高攀，否則不要扮酷。凡事抱不冷不熱、溫溫吞吞姿態，又處處約束著情感的女人，性感也極有限度。一個純真的女人應該敢愛敢恨，想發笑便縱情大笑，想哭就放聲大哭，對生命充滿激情與敏銳。

## 露，還是不露

　　看著身邊的九年級生女生一個個穿著暴露，如驕傲的公主般走過，八年級生女孩不禁心生羨慕。露，還是不露 —— 這是許多 25 ～ 30 歲女人感到困惑的一個難題。

　　那些穿露背裝的女人，只需看她們的背影就十分吸引人。漂亮的背部，光潔平滑，皮膚細膩，還有那麼一點結實的肌肉，再加上一些骨感就會很美。不可以太胖，也不可以過於瘦骨嶙峋。

## 第三章　風情萬種的魅力女人

　　臀部對多數東方女孩而言，並不被作為重視的部位。而日本女孩子卻將臀部視為除胸以外的第二性感部分。雖然東方女孩子難得有高翹結實的美臀，日本女子又尤其如此，不過，注意選擇有美型的內衣褲，款型很好的褲裝，都會幫妳很大的忙。還記得嗎？性感女神夢露的影片中，有很多鏡頭便是透過好看的臀部來表現其性感魅力的。

　　表現性感的面料有不少，蕾絲、網眼紗、各種透明織物、輕薄織物、彈性織物。蕾絲最性感，是內衣的常用面料，所以無論用在何處都會讓人覺得很女人、很性感。透明紗也有同樣的效果。彈性緊身織物會將女性的人體曲線展現無遺。輕軟的絲綢、錦緞、天鵝絨等，猶如皮膚般光滑，常常會叫人浮想聯翩。皮草的魅力是其性感中的老練和華貴，藏在皮革中的女人，彷彿備受嬌寵的高貴寵物貓。

　　暴露的或緊身的服裝，可以將女性美麗的肢體盡情展現，露出一點香豔，裹住一些性感。然而，東西方人都一致公認穿著和服的日本女人瀰漫著東方氣質的性感，簡直美不勝收。寬寬大大的和服，將日本女人的身體包得嚴嚴實實又直直平平，早已沒有了任何身體曲線的展示，那麼這性感從何而來呢？有人說，來自於日本女人的神態，溫溫柔柔又怯怯謙謙的細小碎步，微垂的頭，都讓人心生愛憐，將女人的溫順和柔情表達到極致。又有人說：只看那和服後領下的粉頸就足夠了。和服全身都小氣地不讓人看到一點不該看的東西，僅有領子後面很大方，將日本人長長的雪白的脖子展露無遺，只這一點就夠性感的。看來，沒有三圍也同樣可以性感一番。

　　冬天也可以展露性感。冬天沒有遲到，遲到的是令女人臃腫不堪的冬裝。有消息說，羽絨衣銷量在冬季遭到了空前的冷落，女人們終於對身材殺手群起而攻之了。

　　透明裝成為令女人又愛又羨的流行元素。歐洲時裝舞臺上「全面開放」的透明風格令以含蓄為美的東方女子望而卻步；而面前的雪紡外套、蕾絲短裙和襯衫又叫人愛不釋手。穿出年輕與朝氣，讓自己像春天一樣清新靚麗而不至流於豔俗，穿出一份青春與懷舊融合的女性情懷。

　　鎖骨與香肩，透露出含蓄的性感。利用最受女人歡迎、最能表現質感的珍珠做肩帶，粉嫩的顏色表現出甜蜜可人；搭配牛仔褲，很有名媛般的氣質；搭配裙款，更是風采萬千，徹底為妳展露出小女人最性感的一面。

　　很多將近 30 歲的女人對性感和暴露的穿著總是望而卻步，其實完全沒有必要。敢於嘗試性感的款式，適當地展示身體是相信和表現自己年輕的狀態。自身條件好，健康地、自然地、美好地、大方地露出來是一種乾淨純潔的美；條件不夠的，就露漂亮的地方，把不完美巧妙地掩飾過去，也不失為聰明之舉，性感與低俗，在於露的分寸和技巧。

　　有專家建議她們應該在穿著上富有朦朧含蓄的美，那樣會使她們增添不少的魅力。似隱似現，微露其形的衣服，從露看隱，可以使人覺得女性體內隱藏著無限春色；從隱看露，又可使人覺得意猶未盡，而引發對女性形體美的無限想像，產生朦朧含蓄的意境，形成豐富的美感與迷人的魅力。在現實生活中，我們可以找到不少衣著富有朦朧含蓄美的例子。例如，內穿亮麗毛線衫或絲絨與錦緞之類的碎花小薄襖，外著黑、藏青、墨綠、灰等暗色粗呢、羊絨大衣，在領胸之間透露出一點蕉紅的春色，較好地處理了露也不露的關係，給人美的享受。

　　朦朧含蓄的美是與民族審美情趣素養的。女人衣服的露，既要使人直接看到天生麗質，充分展示女性人體的自然美，又要符合華人社會心理和傳統的審美觀念。女人衣服的藏，既可以造成保暖、遮羞護體的作用，又不同於古代封建社會那種把女性的手、腳全都封閉起來的藏。既露既藏，

亦實亦虛，朦朧含蓄，才是現代中國女性所需的服飾美。

　　性感是無意中流露，自然中展示，自信中散發，無為中由內及外的一種女人味。女人的性感不等同於肉慾，穿得再怎樣的薄、露、透畢竟增值有限，過了反而就滑向低俗淺薄的黃線中去。看看好萊塢的明星們，哪個露得好哪個露得怯，隨時都有時尚雜誌在虎視眈眈著，一個不小心就被丟到垃圾榜上被評個灰頭土臉。我們老百姓就沒那麼危險了，除了多增加一些回頭率之外，彷彿也賺不到什麼好處。就這點來說，露得安全點是必要的，純挑逗感官的刺激想來也不是每個熱辣女郎的本意。真正的性感，正如古人李漁品評美女之所言：「媚態之在人身，猶火之有焰，燈之有光，金銀之有亮色。」

第四章

吹氣如蘭的芬芳女人

如何增加自己的吸引力呢？美容保養是一個不錯的選擇，購買得體的時裝也是一個不錯的方法。不過，美容與服裝只能增加女人的一點外在美，得體的談吐，令女人散發出的是內在的高雅脫俗。

古人形容女人醉人的談吐，用「吹氣如蘭」四個字。其本意是說女人說話的氣息像蘭花那樣香，後引申為一個人的言辭如蘭花那麼馨香。那麼，年輕的女孩如何讓自己的談吐有醉人的蘭花香呢？

# 聲音婉轉甜美動人

女人以陰柔為美，一個大大咧咧、粗聲說話的女孩，太不淑女了。溫婉柔美的聲音，娓娓動聽，如高山流水的音樂，美妙絕倫；如林中清脆的鳥聲，悅耳動聽；如色溢香飄的美酒，沁人心脾。

在與人交往時，給人的第一印象除了外貌、衣著、舉止之外，那便是聲音了。擁有好聽的聲音，在人際交往上有著舉足輕重的作用。有人說，在決定第一印象的要素中，儀表與聲音可以各占一半。只有開口說話，才能決定他人對妳的真正印象。如果一個人的外表很美，說話的聲音也很美，那就等於在魅力的左右長了兩只翅膀。

聲音的感染力是非常大的，我們有時候在電話裡聽到嬌美、圓潤的聲音，會想與她多聊一下，猜想是一個年輕的、熱情的、富有感染力的人，而實際上也許她比她的聲音大 10 ～ 20 歲。

當妳開口說「你好」、「你辛苦了」、「你費心了」時，若聲音磁性柔和，會讓對方備感溫暖和自然，會增加對妳的親近。訓練自己的聲音甜美、柔性，並不是讓我們的聲音一定是一樣的聲線與腔調，因為每一個人都應該有自己的聲音特點。

下面我們介紹一下訓練聲音動聽的基本方法、原則，女性朋友在平常生活中應該留意一下。

◆ **表達方式**：訓練表達方式時，可以找一篇短小的散文或朗朗上口的詩，以各種戲劇化的腔調把它念出來；激動地、無精打采地、哀傷地、滑稽地、不可壓抑地，這樣妳就能更有效地掌握聲音的魅力。

◆ **說話的音量**：若想使自己過於輕柔的聲音變得簡潔有力，可以坐直（或站直）身子，頭抬高，面向室內最遠處高聲說話；若想壓抑過高的聲調，應先放鬆心情，想一些熟悉的音樂旋律，並且練習使用輕聲細語 —— 即在說話中，故意將某句話說得很輕，這同樣能引起聽者的注意。

◆ **說話的速度**：仔細回憶一下，平時說話的速度是否過慢或過快，過慢會使聽者失去耐心，過快會造成對方在理解上的困難。

◆ **說話的發音**：說話每個字不但要咬字清晰，尾音更要念清楚，很多人說話開頭音量很大，最後幾個字卻含混、模糊起來。

◆ **音調的變化**：寫一個完整的句子，反覆念出來，每一次強調一個字的讀音，看看一句話會有多少不同的含義。

◆ **語彙的豐富**：如果妳發現自己有口頭禪的話，最好設法改掉，以避免在正式談話或演說時自然而然地冒出一些口頭禪。

◆ **聲音的美化**：每一個人的聲音都擁有與生俱來的特色，也就是每個人都有最適合自己的一套「聲音」，這套「聲音」在妳說來悅耳動聽，比妳其他的「聲音」要好聽得多，若能加強鍛鍊，則效果更為明顯。

◆ **發音的練習**：沉穩的聲音是用腹式呼吸來發音的，腹式呼吸為呼吸的一種，另一種為「胸式呼吸」，但只有腹式呼吸對以聲音為職業的人格外重要。因為它具有好多優點，例如，可多吸些氣，發出更明亮的

聲音。因吐氣可由腹肌控制，故可適度地使用。不需要用到胸部，故不必為了特別發音，而使喉嚨部位變得緊張壓迫。

# 不要吝嗇妳的讚美

如果一個人經常對妳說「妳好愚蠢」，而另一個人則總是對妳說「妳真聰明」，妳會更喜歡誰？

妳一定會回答：那還用問嗎？是的，妳一定更喜歡那個誇獎妳的人。人人都喜歡聽好話、受讚美。妳是這樣的，別人也是這樣的。在這個物價高漲的社會，美麗的辭藻是為數不多的免費「物資」之一。妳不用花錢，就可以拿讚美當禮物送給別人。而接受妳禮物的人會回饋妳感激與友好。除此以外，妳還將享受感激與友好帶來的一切回報。

美國有位著名女企業家曾說過：「世界上有兩件東西比金錢和性更為人們所需 —— 認可與讚美。」讚美之言，猶如陽光普照萬物，身處其中的人熠熠生輝。讚美之言，猶如一張甜蜜的羅網，身處網中的人心甘情願地被俘虜。

所以，年輕的、驕傲的女孩們，請在妳們每天所到之處多說幾句肯定別人、讚美別人的話，播下友善的種子。看到朋友買了一件新衣，不要漠視，更不要嫉妒。稱讚一下穿上去很合身、很漂亮。也可以打聽一下價錢，「什麼？ 1,500 元？妳真行，我看至少也要 3,000。」「遇貨添錢」的傳統讚美手法永遠都不會過時。

包括妳在內，所有女人都是很愛美的，這是她們最大的虛榮，並且常常希望別人讚美這一點。但是對那些有沉魚落雁之容、閉月羞花之貌的傾國傾城的絕代佳人，那就要避免對她容貌的過分讚譽，因為她對於這一點已有絕對的自信。如果妳轉而去稱讚她的智慧、仁慈，如果她的智力恰巧

不及他人，那麼妳的稱讚一定會令她芳心大悅、春風滿面的。這個現象告訴我們：人云亦云的讚美雖然也是讚美，但也最多是聊勝於無的讚美而已；讚美要善於尋找獨特的角度。

下面，我們將告訴讀者如何準確地讚美，使讚美恰如其分而不失分寸地成為真正的善言。

◆ **因人而異，使讚美具有針對性**：讚美要根據不同人的年齡、性別、職業、社會地位、人生閱歷和性格特徵進行。對年輕人應讚美他的創造才能和開拓精神；對老年人則要讚美他身體健康、富有經驗；對教齡長的教師可讚美他桃李滿天下，對新教師這種讚美則不適當。

◆ **借題發揮，選擇適當的話題**：讚美本身不是目的，而是為自薦創造融洽的氣氛。例如，看到電視機、電冰箱先問問其性能如何；看到牆上的字畫就談談對字畫的欣賞知識，然後再借題發揮地讚美主人的工作能力和知識閱歷，從而找到雙方的共同語言。

◆ **語意懇切，增強讚美的可信度**：在讚美的同時，準確地說出自己的感受，或者有意識地說出具體細節，都能讓人感到妳的真誠，而不至於讓對方以為是過分的溢美之詞。如讚美別人的髮式可問及是哪家理髮店理的，或說明自己也很想理這樣的髮式。美國前總統羅斯福在讚揚英國前首相張伯倫時說：「我真感謝你花在製造這輛汽車上的時間和精力，造得太棒了。」總統還注意到了張伯倫曾經費過心思的一個細節，特地把各種零件指給旁人看，這就大大增強了誇讚的誠意。

◆ **注意場合，不使旁人難堪**：在多人在場的情況下，讚美其中某一人必然會引起其他人的心理反應。假如我們無意中讚美了某職稱晉升考試成績好的人，那麼在場的其他參加考試但成績較差的人就會感到受奚落、挖苦。

- ✦ **措辭適當，不使人產生誤解**：在現實生活中往往會出現這樣的事情，說話者好心，而聽話者卻當成惡意，結果不歡而散。我們要盡量使讚美的語意明確，避免聽話者多心。

- ✦ **適度得體，不要弄巧成拙**：不合乎實際的讚美其實是一種諷刺，違心地迎合、奉承和討好別人也有損自己的人格。適度得體的讚美應建立在理解他人、鼓勵他人、滿足他人及為人際交往創造友好氣氛的基礎之上。

永遠不要說別人身上沒有值得讚美的地方。世上沒有完美的好人，同樣也沒有萬惡的壞人。只要妳願意，您總是能夠在別人身上找到某些值得稱道的東西，也總是可能發現某些需要指責的東西，這取決於妳尋找的是什麼。任何事物都有兩面性，明白了這個道理，妳就能從別人身上所謂的缺點找到值得讚美的閃光點 ——

對熱衷鬥嘴的人，可以說：「妳說話很有邏輯。」

碰到喜歡囉嗦的人：「妳很細心！」

面對敏感的人：「妳有藝術氣質。」

對於頑固的人，妳可以說：「妳很好，是一個有信念的人。」

## 多說 YES 少說 NO

有些人很不討人喜歡，不管走到哪裡都令人討厭，這些人通常在和別人溝通時，總是不斷地在否定對方所說的話。我們可以來看看以下的例子。

「妳有車子嗎？有吧？我還以為妳沒有呢。什麼顏色？白色，那太沒個性了，滿街到處都看得到白色的車子，妳應該選個比較個性的顏色才好

嘛。什麼？自動排檔車？那太危險了！才兩個車門？這樣進出多麻煩，後座的人很辛苦吧？」

聽聽這段話，車子每一樣都被否定，有誰會不生氣呢？但是，這卻是很多人不知不覺中常犯的毛病。

如果換成另一種說法：「白色的感覺明亮，很不錯哦！自動排檔車開起來很輕鬆，尤其是山坡路，開起來一定很順手吧？如果是這種車種的話，還是兩車門比較輕便……」這樣稱讚一下人家，可以說是小事一樁，對方高興，自己也達到了保有良好人際關係的目的，何樂而不為呢？

肯定對方、對方的家人、對方所擁有的一切，是建立良好人際關係的基本方法。

如果對方的意見和妳的想法不同，也絕不要劈頭就直接否定人家。如果對方說：「人生還是金錢最重要。」就算妳不同意，也可以婉轉地回答：「我也這麼想。但應該也有一些例外吧……」先接受對方，聽完對方的說明，再表明自己的主張，態度可以堅決，但是語氣要盡量委婉。

人一旦被對方認同，就會在潛意識裡覺得自己很重要，自然也就會產生好感，也就願意接受對方的意見。

有一點要注意，絕不能一味地肯定對方。如果有朋友在妳面前抱怨他的女友實在不怎麼樣。妳若傻傻地回答說：「是呀，身材也不好！」雖然是附和了對方的意見，但對方心裡其實可能是希望得到反駁，希望妳稱讚他的女友，結果卻得到反面的回應，這樣不只場面尷尬，想想兩人的談話還談得下去嗎？和人交談千萬不要只聽表面上的話，要用心察覺對方的心思。

格外需要注意的是，不要隨便否定自己覺得不好應付的人。因為一旦持這樣的心態與人接觸，我們就很容易被對方貼上負面的標籤。

「那個人很陰沉，實在惹人厭！」、「他是個沒有能力的人，不適合當朋友。」、「她很驕傲，我沒辦法喜歡她。」這些評語都只是對那個人的部分評價，而這樣斷章取義的判斷只會破壞彼此關係。

其實，不管是什麼人，必定有好的一面。如果能夠這樣深信，對方必定也會給予 YES 的信賴回應。

# 最重要的兩個短語

有兩句話很重要，在不同時間、地點，不同對象，都隨時隨地可使用，時常掛在嘴邊還能增進人際關係。這就是「謝謝」和「對不起」！

如何道謝？有兩個重點。

第一，就算是小事一樁，也必須表示感謝。如果對方給了妳一單大生意或一次很大的援助，這種時候的「謝謝」，對方不會有太強烈的印象。但是，如果是請對方喝杯茶這種小事，卻得到對方一句真誠的「謝謝」，那感受一定會很不一樣。這種對小事表達的感謝之意，並非對方事先所期待，反而更能令人留下強烈的印象。

還有一點就是，雖然未曾從別人那裡獲得任何好處，也要說聲謝謝。當對方仔細聆聽自己說的話時，請發自內心地說聲「謝謝」。即使是顧客的抱怨電話，在掛斷時也要感謝地說：「非常謝謝您寶貴的意見。」

不管是誰，其實都希望被人感謝，而且也會對感謝自己的人持有好感。一般而言，被人認真且正式地表達謝意時，心中往往會自然而然地興起一股欣悅之感，不管是個性多麼惡劣的上司，或是態度非常差勁的顧客，一經別人道謝，心情就算再不愉快，也會按捺下怒氣來。

所以，請從現在開始，習慣以「謝謝」作為結束語。一句發自內心的

「謝謝」，是待人處世中不需勞心勞力的最大服務。

　　能力強、地位高的人，更應該常常說「謝謝」。因為通常這些人很容易成為被嫉妒、被陷害的對象，當具有某些能力、地位時，更需要將「謝謝」掛在嘴邊，這樣一來，朋友更會聚攏過來，人際關係也將更良好。

　　我們在與人交往時，難免說錯話、做錯事，人非聖賢，孰能無過？如果我們能及時說聲「對不起」，真誠地向對方道歉，往往能把大事化小，小事化了。

　　日常生活中，需要道歉的事情很多，大到不小心損壞了別人的重要物品，或者出言不遜傷了別人的自尊心；小到打斷了別人的談話，干擾了別人的工作，約會遲到了，公車上踩了人家的腳等，這些都是難免的。問題就在於有沒有勇氣，有沒有誠心向對方道歉。真正的道歉不只是認錯，而是承認自己的言行為對方帶來了傷害或損失。

　　向別人道歉時，除了要有誠意外，還須講究一定的技巧和方法，避免不必要的爭吵和衝突。那麼，怎樣向人道歉才能達到預期的目的呢？

◆ **立即道歉**：時間拖得越久就越難以啟齒，有時甚至追悔莫及，所以，在發現自己的過錯時，立即向對方說聲「對不起」，這才是道歉的最佳時機。

◆ **主動承擔責任**：道歉時要主動承擔錯誤的責任，說明引起錯誤的原因，但絕不能找藉口或者把責任推卸給對方，即使自己只有部分責任也要主動承擔。主動為自己的行為承擔責任，會鼓勵對方也承擔屬於他自己的責任。

◆ **語氣要誠懇，態度要自然**：有些人知道自己的過錯，也有心向別人道歉，但說話語氣讓別人聽來顯得不誠懇、態度傲慢。諸如衝著別人說：「對不起，噢！」、「我說對不起妳，還不行嗎？」這樣的道歉

不僅不能讓對方接受，還會引起對方的反感。因此說「對不起」時，要面帶微笑，語氣低緩，使人感覺到妳是真心悔過。有時在「對不起」「抱歉」前面再加上「很」「非常」「實在」「太」等表示加強的詞語，更能呈現妳的誠心。

◆ **採用多種方式表達妳的歉意**：如果妳的道歉一時還未能熄滅對方的怒火，那麼不妨想點其他辦法，讓對方知道妳有悔過的誠意。例如，託人送件小禮物，間接地幫助對方解決某些困難，或者寫封信打個電話等。

## 幽默的靈氣與生動

有人說：笑是兩人之間最短的距離。會心一笑，可以拆除心與心之間的戒備；超然一笑，可以化解人與人之間的隔膜；開懷一笑，可以放鬆身心 —— 這就是幽默談吐在人際交往中的巨大作用。一個具有幽默感的人，能時時發掘事情有趣的一面，並欣賞生活中輕鬆的一面，建立起自己獨特的風格和幽默的生活態度。這樣的人，容易令人想去接近；這樣的人，使接近他的人也分享到輕鬆愉快的氣氛；這樣的人，更能增添人的光彩，更能豐富我們生活的這個社會，使生活更具魅力，更富藝術。

誰不喜歡富有幽默感的人呢？即便是沒有幽默感的人，對於幽默的人大概也是欣賞與喜歡的吧？因為任何人的內心都喜歡陽光與歡樂，而具有幽默感的人，他們身上散發著陽光與歡樂的氣息。

男女朝夕相處，天天鍋碗瓢盆，始終舉案齊眉、相敬如賓反而是不正常的現象，有人戲稱為「冷暴力」。小吵小鬧有時反會拉近夫妻間的距離，同時也能使內心的不滿得以宣洩，如果再佐之以幽默、機智的調侃，

無疑使夫妻雙方得到一次心靈的淨化，保證了家庭生活的正常運行，請看下面這幾對夫妻的幽默故事。

—— 駕車外出途中，一對夫妻吵了一架，誰都不願意先開口說話。最後丈夫望著不說話的妻子，指著遠處一頭驢子說：「妳不說話，難道和牠是親戚關係嗎？」妻子答道：「是的，夫妻關係。」

丈夫本來想把不會說話的驢子和不願說話的妻子拉扯到一起，既調侃了妻子，又打破了沉默的氣氛。但想不到妻子更加厲害，一句妙語把丈夫的話擋了回去，玩了一個更大的幽默。這樣聰明幽默的夫妻，即使吵架也不會吵得打架、上吊。

此外，在交談中，不時穿插一些意想不到的幽默，是活躍氣氛很好的形式。一群閨中密友聚會，唧唧喳喳，談到了找對象的問題。劉妹妹問吳妹妹：「妳願意嫁給一個有錢但醜的富公子，還是嫁給一個很帥卻沒錢的英俊哥？」吳妹妹的回答很風趣：「我白天在富公子家生活，晚上到英俊哥家住宿。」那些一本正經的人會給人古板、單調、乏味的感覺，也會把交談變得索然無味。也許會有人時常問妳一些荒謬的問題，如果妳直斥對方荒謬，或不屑一顧，不僅會破壞交談氣氛、人際關係，而且還會被人認為缺乏幽默感。

有一位女歌手舉辦個人演唱會，事前舉辦方做了大量的宣傳，但到了演出的那天晚上，到場的觀眾不到一半。女歌手沒有面露失望的表現，她鎮定地走向觀眾，拿起話筒，面帶微笑地說道：「我發現這個城市的經濟發展迅速，大家手裡都很有錢，今天到場的觀眾朋友每人都買了兩三張票。」全場爆發出了熱烈的掌聲。第二天的許多媒體娛樂版的報導，也紛紛為這位歌手的豁達和幽默叫好，為原本陷入尷尬的女歌手樹立了良好的形象。

## 第四章　吹氣如蘭的芬芳女人

　　這位歌手在演唱會上，面對過低的上座率，心裡沒有遺憾與痛楚是不可能的。心裡不舒服，但又必須戰勝這種不舒服，以陽光的姿態去把最好的自己獻給買票進場的觀眾。怎麼辦？唯有借助幽默。幽默是有文化的表現，是痛苦和歡樂交叉點上的產物。一個人不經歷痛苦、辛酸，便不懂得幽默。假如他沒有充足的自信和希望，也不會幽默，他的痛苦與辛酸也就白費了。

　　無獨有偶。一位著名的歌手參加一個大型的露天晚會。她在走上舞臺時，不慎踢到臺階突然摔倒。面對這種情況，如果什麼也不說就起來，會讓全場觀眾留下不好的印象，但她急中生智，說道：「看來走上這個舞臺不是一般人都能來的，門檻真高呀！」大家都笑了，她更是保持了自己的風度，巧妙地借幽默擺脫了尷尬。

　　可見，幽默是最理想的潤滑劑，它能使僵滯的人際關係活躍起來；還是緩衝裝置，可使一觸即發的緊張局勢頃刻間化為祥和；又是一道隔離牆，使自己免受尷尬。

　　幽默有時讓女人感到神祕。想學，卻無法學會。於是，一些不夠幽默的人便安慰自己：我不幽默，是因為我沒有幽默細胞。

　　幽默細胞是什麼呢？毫無疑問，用高倍顯微鏡來進行物理觀察，我們是無法看到一種叫「幽默」的細胞的。這也許能成為幽默非天生的一個論據。下面我們將換一個視角來分析幽默的構成。

　　只要我們留心那些幽默感十足的人，就會發現他們的心理素養通常都優於常人，而良好的心理素養也不是天生的，需要後天的鍛鍊和培養。以幽默口才素養和需要來說，心理素養首先需要自信。一個常常為自己的職業、容貌、服飾、年齡等因素而惴惴不安、自慚形穢的人，又如何能在適當的場合進行自信幽默的展示？

　　其次，冷靜也是幽默高手的一項心理特質。冷靜，是使人們的智慧保

持高效和再生的條件。因為只有在頭腦冷靜的情況下，人們才能迅速認準並抑制引起消極心理相關因素，同時認準和激發引起消極心理相關因素。英國首相威爾遜在一次群眾大會上演講時，反對者在下面鼓噪，其中一人高聲大罵：「狗屎、垃圾！」面對聽眾可能產生的誤解和騷動，威爾遜首相沉穩地報以寬厚的微笑，非常嚴肅地舉起雙手錶示贊同，說：「這位先生說得好，我們等一下就會討論到你感興趣的髒亂問題了。」搗亂分子頓時啞口無言，聽眾則報以熱烈的掌聲。

再者，樂觀是幽默高手另一項重要的素養。俄國著名寓言作家克雷洛夫（Ivan Andreyevich Krylov）早年生活窮困，他住的是租來的房子，房東要他在房契上寫明，一旦失火，燒了房子，他就要賠償 15,000 盧布。克雷洛夫看了租約，不動聲色地在 15,000 後面加了一個零。房東高興壞了：「什麼，150,000 盧布？」「是啊！反正一樣是賠不起。」克雷洛夫大笑。幽默感的內在構成，是悲感和樂感。悲感，是幽默者的現實感，就是對不協調的現實的正視。樂感，是幽默者對現實的超越感，是一種樂天感。沒有幽默感的人不會積極地看待這個世界，不會樂觀地看待自己的生活。當然樂觀不是盲目的，而是有所依附，是透澈之後的豁達。樂觀地看待妳的生活，幽默自然而生。

良好的心理素養是幽默的根基，幽默的主幹是廣博的知識。幽默的思維經常是聯想性與跳躍性很強，如果不具備廣博的知識來支持，妳的思維跳來跳去也就那麼大的一塊地方。因此，提高自己的幽默水準，需要不斷地拓展知識門類和視野，提高對事物的認知能力。

說來說去，幽默其實與人的氣質培養類似，而幽默本身也是獨特的性情氣質。如果妳知道一個人良好的氣質該如何培養，也應該聯想得到一個人高超的幽默感是如何擁有的。

# 傾聽是一種教養與禮儀

　　卡內基說：「成功的交談，並沒有什麼神祕。專心地傾聽與妳說話的人，是非常重要的，再也沒有比這麼做更有恭維的效果了。」他認為：在溝通的各項功能中，最重要的莫過於傾聽的能力；滔滔的雄辯能力、強而有力的聲音、精通多國語言，甚至寫作的才能都比不上傾聽重要。

　　環顧四周我們可以發現，精通說話藝術的人也都了解聽人說話的重要。由於他們不斷吸收別人的話題，於是更豐富了自己的話題。相反，那些言語乏味的人大都是從不聽人說話的人，不但如此，反而會炫耀自己或批評別人。相對來說，人人都對自己的事更感興趣，對自己的問題更關注，更喜歡自我表現。一旦有人專心傾聽我們談論我們自己時，就會感到自己被重視。

　　善於傾聽的人會贏得更好的朋友，因為妳分享了他的歡樂，分擔了他的憂愁。善於傾聽的人才能夠明白別人的意圖，找到適合的應對之法。善於傾聽，也意味著慎言，避免流言，不傷害自己，也不傷害他人。善於傾聽，還意味著知識的增長，所謂的「聽君一席話，勝讀十年書」就是這個意思。

　　當然，傾聽並不是要我們什麼都不說，只一味地去聽。假如一句話都不說，別人即使不認為妳是啞巴，也會認為妳對談話一點興趣都沒有，反應冷漠。這樣會使對方覺得尷尬、掃興，不願再說下去。

　　傾聽也有訣竅，首先妳要專心。當對方講話時，妳目光游離，心不在焉，看表、修指甲、打呵欠、打電話……這些小動作會給人一種輕視談話者的感覺，讓對方覺得妳對她不滿意，不願再聽下去，這樣肯定會妨礙正常的交流。當然，所謂注意聽也不是死盯著講話者，而是適當地注視和有

所表示。要讓講話人語言暗示，告訴他妳在專心地聽。對他所說的話感興趣時，展露一下妳的笑容；用「恩、噢」等表示自己確實在聽和鼓勵對方說下去。或者「明白了」、「再講具體一點」、「然後怎麼樣了？」注意，每一個暗示都要簡短，但這足以使講話人深受鼓舞。或者提出問題，借妳所提出的問題，讓對方知道妳在仔細地聽他說話。而且透過提問，可使談話更深入地進行下去。例如，「要如何才能改變這一現狀呢？」、「如果不這樣還有其他好的辦法嗎？」

要巧妙地表達妳的意見，不要表示出或堅持明顯與對方不合的意見，因為對方希望的是聽的人「聽」他說話，或希望聽的人能設身處地為他著想，而不是提意見給他。妳可配合對方的相法，提出妳自己的意見，例如，對方說完話時，妳可以重複他說話的某個部分，或某個觀點，這不僅證明妳在注意他所講的話，而且可以以下列的答話陳述妳的意見。例如，「就像妳說的一樣」、「我完全贊成妳的看法」。

傾聽是出於對講話者尊重的禮貌。妳在尊重他人的同時，也會得到他人的尊重。元代鄭廷玉在戲劇《楚昭公》中有臺詞云：「請大王試說一遍，容小官洗耳恭聽。」聽別人說話，要洗乾淨耳朵以示恭敬。

如果有人和妳談到了他的光榮與夢想，請妳一定要洗耳恭聽。不要輕易打斷，更不要冷嘲熱諷。喜歡炫耀是很多人的心理。除了要專心傾聽別人過去或現在的光榮外，還要專心傾聽別人在未來的夢想。光榮與夢想，是人最在意的兩件事。妳千萬不要詆毀他人的夢想一文不值，或打擊他人的上進之心。

# 心直口快傷人心

　　一個樵夫在砍柴時，救了一頭被機關卡住的母熊。母熊非常感激樵夫，對他說：「您是我的救命恩人，如果有什麼需要我幫助，我會盡力而為的。」

　　一次上山砍柴，樵夫遇見了老虎，幸虧熊捨命相救，方才躲過一劫。那天因為天色已晚，熊邀請樵夫到了熊窩，安排他住了一宿，並以豐盛的晚餐款待了他。翌晨，樵夫起身走。熊吻了吻樵夫，說：「原諒我吧，沒有能好好地招待您。」

　　「不是這樣的，」樵夫回答，「招待得很好，只是我唯一不喜歡的一點就是妳身上那股臭味。」

　　熊聽了快快不樂。她對樵夫說：「拿斧子砍我的頭。」樵夫舉起斧子輕輕打了一下。「砍重一點！」熊說完，搶過樵夫的斧頭用力砍了一下，鮮血從熊頭上迸出來，熊沒吭聲，樵夫就走了。

　　若干年後，樵夫在砍柴時遇見了熊。樵夫問：「妳的傷口癒合了嗎？」

　　「什麼傷口？」熊問。

　　「我打妳頭留下的傷口。」

　　「噢，那次痛了一陣，後來就不痛了，傷口癒合後，我就忘了。不過那次您說的話，就是您用的那個詞，我一輩子也忘不了。」

　　尖酸刻薄的話傷在人的心上，是看不見的暗傷。看得見的明傷好治療，看不見的暗傷卻難痊癒。嘴上損人是需一句話，別人記恨或許是一輩子。在我們身邊，說話尖酸刻薄的人並不少見。這類人中大部分其實是「豆腐心，刀子嘴」，只是因為管不住自己一開一合的嘴，就讓刀子從嘴裡一把一把地飛出來。把別人傷得鮮血淋淋，還以「我就是這樣，豆腐心

刀子嘴」來自我安慰。

一則法國諺語說：「語言造成的傷害比刺刀造成的傷害更讓大家感到可怕。」有作家在書中說：「老天爺禁止我們說那些使人傷心痛肺的話，有些話語甚至比鋒利的刀劍更傷人心；有些話語則使人一輩子都感到傷心痛肺。」

生活中，我們有時會聽到有人這樣評價一個人：「他說話能噎死人！」這就說明說話太直接了容易使人一時難以接受，事倍功半。甚至有時我們的本意雖然是好的，但是由於說的太突然太直接了，而難以達到目的，誤人誤己。「豆腐心，刀子嘴」絕不是一個優點，「豆腐心」也不能為「刀子嘴」抵消過錯。聰明的女人說話知道克制，努力避免心直口快、尖酸刻薄，絕不以傷人感情為代價而逞一時口舌之快。

美國經濟大蕭條時期，找到一份工作是很困難的。有位年輕的女孩幸運地在一家高級珠寶店找到了銷售珠寶的工作，有一天，珠寶店裡來了一位衣衫襤褸的青年人，青年滿臉悲愁，雙眼緊盯著櫃臺裡的那些寶石首飾。

這時，電話鈴響了，女孩去接電話，一不小心碰翻了一個碟子，有 6 枚寶石戒指落到地上。她慌忙拾起其中 5 枚，但第 6 枚怎麼也找不到。此時，她看到那位青年正惶恐地向門口走去。頓時，她意識到那第 6 枚戒指在哪裡了。當那青年走到門口時，女孩叫住他，說：「對不起，先生！」

那青年轉過身來，問道：「什麼事？」

女孩看著他抽搐的臉，一聲不吭。

那青年又補問了一句：「什麼事？」

女孩這才神色黯然地說：「先生，這是我的第一份工作，現在找工作很難，是不是？」那位青年很緊張地看了女孩一眼，抽搐的臉才浮出一絲

笑意，回答說：「是的，的確如此。」

　　女孩說：「如果把我換成你，你在這裡會做得很不錯。」

　　終於，那位青年退了回來，把手伸給她，說：「我可以祝福妳嗎？」

　　女孩也立即伸出手來，兩隻手握在了一起。女孩仍以十分柔和的聲音說：「也祝你好運！」

　　青年轉身離去了。女孩走向櫃臺，把手中握著的第6枚戒指放回了原處。

　　本來，這是一起盜竊案。在通常情況下，大多數人可能會大叫抓偷竊者或者報警。但是，這位女孩卻巧妙地運用了暗示，既沒驚慌也沒聲張，卻使小偷歸還了偷竊物，那小偷也沒有當眾出醜，體面地改正了自己的錯誤。假如那女孩大喊大叫，說不定小偷會在情急之下飛快地逃跑了，或偷偷將戒指扔到某個難以尋找的角落。

　　做人固然要坦蕩、直率，但並不意味著說話都要直言，因為直來直去的話最容易傷人，使人反感厭惡。可以把話說得委婉一點，含蓄一點，讓對方自己領悟到那層意思，從而給雙方更多的考慮空間，也容易讓人接受。總之，我們要努力把不中聽的說得中聽一點，把不能讓人接受的說得能讓人接受，最終是圖個聽的人舒服，說的人順心。

## 掏心掏肺太幼稚

　　有些女孩很「純」，和別人一聊起來，就藏不住心事，喜歡掏心掏肺。不要以為這種「純」就是「純潔、純真」，在很多人眼裡，「純」其實就是「蠢」的意思。

　　在我們的生活中，有正人君子，也有奸佞小人，這是無可奈何的事

實。一個人如果不注意說話的內容、方式和對象，很容易招惹是非，授人以柄，甚至禍從口出。因此，說話小心些，為人謹慎些，方可使自己置身於進可攻、退可守的有利位置，牢牢地掌握人生的主動權。

人的心肺都是極其重要的器官，一旦遭到傷害，後果不堪設想。所以在古代打仗時，將領們厚厚的盔甲上都會有一塊銅製的護心鏡，以最大限度地保護心臟免遭襲擊。而相對有形的傷害，對於心的無形傷害更加令人難以防備，難以承受。那些內心不設防的女人，最容易受到以下幾個方面的傷害。

◆ **被奸人所用**：害人之心不可有，防人之心不可無。每個人都有自己不願公開的隱私、祕密，妳真誠的傾訴，有可能在某一天被人拿來當成攻擊或要挾妳的利器。把自己的祕密全盤地告訴他人，其實就是親手為自己埋下一顆在他人手裡的「炸彈」。妳掏心掏肺對別人，別人有一天真的會掏空妳的心肺。

◆ **使好人遭罪**：妳將一個祕密告訴了密友 A，A 或許會感謝妳的信任。在感激妳的信任之後，她要背上為妳守口如瓶的責任，生怕自己一時不慎將妳的祕密說了出去。這種代人保守祕密的責任，實在是沉重的負擔。更要命的是，如果妳的祕密哪一天洩露了（也許妳還告訴了 B，也許只是別人的猜測巧合了祕密），A 將為此背上一個「莫須有」的洩密罪。即使妳表明自己是如何相信不是 A 洩密，A 的心裡都會有陰影。因此，很多明智的人並不喜歡別人對自己掏心掏肺，因為他們知道保守祕密的責任太重。

◆ **產生不必要的惡果**：也許妳小時候偷過錢，失戀做過傻事，這些事情過去了就過去了，汲取教訓就行了。如果一定要拿來和丈夫（男友）或好友說，最容易產生不可預料的後果。也許對方會想：原來妳竟然

是一個這樣的人，看來……於是，愛情遠去，友情淡漠。

◆ **難以取得他人的信任**：也許妳會想——看，我多麼信任妳，什麼都和妳說了，妳也應該信任我才對。然而對方只要聰明一點，就不會信任妳，相反可能會更加提防妳。因為只要稍微動一下腦子，就知道口風不嚴的妳，隨時都有可能將妳們之間說的話向另外的人「訴說」。一個連自己的祕密都保守不了的人，別人憑什麼相信妳能替她保守祕密？

◆ **失去了個人魅力**：一個女人需要適當的神祕感。一個讓人一覽無餘的人就像一本內容淺白沒有內涵的書，不能激起別人閱讀的興趣。

◆ **引起他人的懷疑**：妳對別人掏心掏肺，別人的心裡可能會起疑心。為什麼要對我說這些？是不是也想套出我的一些祕密？是不是有求於我？尤其是那些「交淺言深」的話，更加令人狐疑與不快。

看看，我們只是隨便羅列，就列出了這麼多害處。老祖宗的話在今天還有其顯示意義：「逢人只說三分話，未可全拋一片心。」值得指出的是，這絕非鼓勵妳虛偽。妳有權決定妳說什麼，但只要保證妳所說的每一句都不存在欺騙，妳就是一個真誠的人。交心，說的是要真心交談，不是叫妳把心交給別人。

# 最易犯的小毛病

一般人在說話時常犯些小毛病，雖然無關緊要，但也會降低對方與妳交談的興趣，甚至引起別人的反感，所以還是小心防範，設法加以糾正才好。

◆ **用字籠統**：有些女孩喜歡用一個字去代替許多字，譬如她在所有滿意

的場合，都用一個「好」字來代替。她說：「這歌唱得真好！」、「這是一篇好文章。」、「這山好，水也好！」、「這房子真好。」、「這個人很好。」……其實，別人很想知道這一切究竟是怎樣好法。這房子是寬敞？還是設計得很別緻呢？是建材很結實呢？這人是很老實呢？還是很爽朗呢？還是很有才呢？還是很願意跟別人接近呢？還是很慷慨、很喜歡別人呢？單是一個「好」字，就讓人毫無頭緒。

還有這樣的人，用「那個」來代替幾乎所有的形容詞，例如，「這部影片的確是很那個的。」、「這件事未免太那個了。」、「這封信看了很那個的。」……這一類毛病，主要是不肯多費一點心力去尋找一個適當的字眼。如果放任這種習慣，所說的話就容易使人覺得籠統空洞，別人會認為妳語言能力差，而聯想到妳的邏輯也不好，因而也就得不到別人適當的重視了。

✦ **多餘的字眼**：有的人喜歡在自己的話裡面加上許多不必要的字眼，例如，三句話裡面，就用了兩次「當然啦」這個詞。又有的喜歡隨意加上「反正」、「不過」、「然後」這兩個字。有的人又喜歡一直問別人「你明白嗎？」、「你說是不是？」……最好盡量避免說這類多餘的詞句。

✦ **說話有雜音**：這比喜歡用多餘的字眼更令人不舒服，在說話的時候，加上許多沒有意義的狀聲詞。例如，一邊說著話，鼻子裡一邊「哼，哼」地響著，或是每說一句話之前，必先清清自己的喉嚨，還有的人一句話裡面就會加上兩個「呃」字……這些雜音會使人產生生理上的不快之感，還會讓妳的精彩的語言蒙上一層灰塵。

✦ **喜歡用誇張的語言去強調一件事物的特性**：這樣雖然可以引起別人的注意，但無論在什麼場合都採用這種說法則不對了。例如，「這個意

見非常重要！」、「這一本書寫得超級精彩。」、「這真是一部非常偉大的戲劇。」、「這樣做是非常危險的。」、「這個男人簡直是帥呆了。」……如此這般，說得太誇張了，別人也就自然而然地把妳所誇大的字眼都大打折扣，這就使妳語言的威力大大降低了。

◆ **矯揉造作**：矯揉造作有多種形式的表現，有的女孩喜歡在交談中加進幾句英文或法文；有的人喜歡在談話中加進幾個令一般人難以理解的學術性的名詞；有的人喜歡把一些流行的縮寫詞掛在口頭；有的人又喜歡引用幾句深奧的名言，放在並不適當的地方。這會讓人覺得妳在賣弄知識，故作高深，還不如自然、平實的言語更容易讓人接受。

◆ **瑣碎零亂**：據說，女性的右腦比男性發達，而左腦不如男性發達。因此，女性在邏輯性上（左腦掌管）不如男性，在閒聊時天馬行空倒也罷了，如果比較正式的場合，建議妳在交談以前，先在腦中把所要講的內容認真地整理一下，分成幾個清楚明確的段落，刪除一些不大重要的細節。不然的話，就會無法好好表達。

以上這些毛病雖「小」，但「千里之堤，潰於蟻穴」。妳要小心自己講話時無意中跑出來的「螞蟻」，將妳百分百的女人形象一點一滴地吞噬掉。

## 巧女人如何說「不」

毫無疑問，妳是一個乖女孩。除非原則性的大問題，妳對別人的請求都是有求必應。樂於助人是一項很好的品德，妳也因此而贏得了外界的讚賞。但妳卻沒有因為助人而感到快樂。因為做個有求必應的好好小姐並不容易，人們的要求永無止境，往往是合理的、悖理的並存，而妳呢，時間、精力與能力都是有限的。

　　妳活得好辛苦，雖然拚命地裝出自己快樂的樣子。但妳一點也不快樂。怎麼辦？喜劇大師卓別林曾告誡如妳這樣的人說：學會說「不」吧！那妳的生活將會美好得多。是的，說「不」的確能替自己省很多事。不過，這個「不」不是就一個字那麼簡單。對別人的請求，簡單的一個「不」字，不給別人面子，也很容易讓自己臉上貼上不近人情、冷酷的標籤。

　　「不」的意思一定是要表達出去，因為我們不能一輩子就做別人手裡的牽線木偶。我們需要自己的時間與空間來發展自己。那麼，如何巧妙一些，既表達了「不」的意思，又不至於讓人際關係陷入冷漠？

- ✦ **條件應承法**：「借5,000塊？好啊，不過要等我的股票解套才有。」（天知道妳是否買了股票、有多少股票被套、套了多深、何時能解套）

- ✦ **推託其辭法**：「這事情我得找我老公（或其他相關人）商量才能定奪。」（結果是老公不同意）

- ✦ **客氣謝絕法**：「非常感謝您提供我這個機會，不過我目前還沒有跳槽的打算。」

- ✦ **不卑不亢法**：「哦，我明白妳的意思了，可是妳最好找對這件事更感興趣的人吧，好嗎？」

- ✦ **幽默法**：「啊！對不起，今天我還有事，只好當逃兵了。」

- ✦ **無言法**：運用擺手、搖頭、聳肩、皺眉、轉身等身體語言和否定的表情來表示自己拒絕的態度。

- ✦ **補償法**：「真對不起，這事情我實在愛莫能助，不過，妳上次說孩子轉學的事我可以幫忙試試。」

- ✦ **借力法**：「妳去問問我身邊的好朋友，她們都知道，我早就有男朋友了！」（拒絕異性求愛）

　　✦ **自護法**：「妳為我想想，我要是這樣做的話，會很丟臉的。」

　　學會拒絕的藝術，不要擔心會破壞自己的形象。事實上，一個人只有適當地拒絕他人，才能襯托出應承的價值。巧妙的拒絕既可以減少許多心理上的緊張和壓力，又可以使自己表現出人格的獨特性，也不至使自己在人際交往中陷於被動，生活就會變得輕鬆、瀟灑些。

　　說了那麼多拒絕別人的方法，並不是說我們就應該拒絕一切求助。每個人的時間、金錢、資源都是有限的，對於有些請求，我們實在是沒能力或沒必要去硬充好漢。同時，需要提醒讀者的是，也不是所有的拒絕都要費盡心機來斟字酌句，事實上，很多情況下妳也完全可以直接拒絕對方。例如，妳的好友打電話要妳陪她去逛超市，妳完全可以直接告訴她：「對不起，我沒空，我要做其他事情。」不需要任何拐彎抹角，效果更好。

# 口氣清新人人愛

　　有人有過這樣的不快經歷，在與人的日常交往或社交聚會上，自己自我感覺良好，大聲說笑，旁人卻流露出迴避甚至不悅的神情，細檢之下，才知道是口臭惹的禍。

　　有口腔異味的人，一般自己還不太容易察覺。如果妳足夠敏感，可以從別人和妳談話時的樣子裡看出自己有口臭。為了杜絕此類尷尬事件的發生，避免使自己成為最後一個知道自己有口臭的被動者，建議妳出門時，尤其是參加重要的聚會前，除了整裝修容外，再自測一下口中是否有異味，以便及時採取相應措施。自測口氣的方法很簡單，將左右兩掌合攏並收成封閉的碗狀，包住嘴部及鼻頭處，然後向聚攏的雙掌中呼一口氣，就可聞到自己口中的氣味了。

有的人口臭是短期的，有的人則是長期。引起口臭的原因很多，以下我們試舉幾種常見的。

吃東西引起的。如吃大蒜、洋蔥、韭菜等。嚼點口香糖即可消除。

有齲齒。在齲洞內常積存食物殘渣，由於細菌叢生，則腐敗分解而生臭味。及時修補齲齒，則可消除口臭。

牙周炎患者。牙周袋內呈化膿性炎症，口腔內的唾液混有膿液，也使口內有臭味。需要治療。

呼吸道疾病。如慢性鼻竇炎、鼻炎、壞死性肉芽腫、扁桃體炎、氣管炎等，也可引起口臭。

便祕。腸胃積食散發出的異味。一般可以透過飲食進行調節，如多吃蘋果（含有豐富的膳食纖維）。

此外，中醫認為：如果身體沒有其他明顯的疾病的話，那麼口臭就一定是胃部虛火引起的。胃部虛火又是因為肝火過旺。那麼肝火又是來源何處呢？專家認為主要是心理因素造成的。專家認為沒必要為了口腔異味而吃降火的中藥，最好的辦法是透過按摩可以將肝火推到心臟，從而養心。按摩的位置就在大腳趾和二腳趾之間的骨頭縫隙裡，在這裡妳會觸摸到一個「Ｖ字」部位，從「Ｖ字」尖點按摩到腳趾縫就行了。

此外，如何防止口腔異味，生活在都市裡的女性們最好能夠做到以下幾點。

✦ 進餐不宜過飽（尤其是晚餐），睡前不吃零食，飲食宜清淡，少吃辛辣等刺激性食物。少飲酒，戒菸。

✦ 防治便祕，保持大便通暢。

✦ 每天清晨空腹喝一杯淡的溫鹽開水，可調節胃腸功能，有利於消除口

臭。

✦ 定期接受口腔檢查。

如果妳發現自己有口腔異味，卻又必須外出辦事或應酬，有幾個應急的方法：嚼紅棗、黑棗可消除因蔥、蒜等引起的短暫口臭，飯後咀嚼 1 ～ 2 枚即可；飲濃茶可解蒜臭；口腔含化維生素 C 片，嚼口香糖，嚼茶葉等也有一定的除口臭效果。

# 第五章
## 左右逢源的關係達人

出生時沒有投胎豪門，長大後也沒有嫁入豪門。這些沒有外界助力的女人，難道就只能靠自己贏弱的肩膀來承擔人生的風風雨雨了嗎？

不，妳還有外力可以依靠，那就是人際關係網。一個人的能耐有限，倘若善於整合人際資源，互通有無，共同進步，其能耐是以幾何倍數增加的。投胎豪門，那是命；嫁入豪門，那是緣。這些都是人力所難控制的。唯有經營人際關係，這一點是我們所能掌握的。

一個人的幸福，30歲以前主要取決於個人能力，30歲以後主要取決於人際關係。美國白領中流行一句話：一個人能否成功，不在於妳知道什麼，而是在於妳認識誰。女人在30歲後的人際關係不可能從天上掉下來，這需要妳在20多歲起就進行長期的耕耘與付出。

不可忽略的是，有一些人寧願花很多的工夫來鑽研專業知識，考各種證照，卻不願花時間在人際關係上。他們認為那不過是一些「歪門邪道」而已。其實人際關係並非是「走後門」的同義詞，人際關係是資源的正當共享，感情的互相支撐。

## 怎樣贏得好人緣

彷彿一條看不見的經脈，又彷彿一張透明的蜘蛛網，人際關係看不見卻能感覺得到，摸不著卻能量巨大。從一定意義上說，這個世界一切與幸福有關的「好東西」，都是為人際關係順暢的人準備的。人際關係高手們左右逢源，對他們而言，沒有渡不過的河、翻不過的山。自己解決不了的事，找親戚幫忙；親戚解決不了的，可以找朋友；朋友幫不上忙，可以找上司。再不成，找朋友的上司的親戚的鄰居，也要達到目的。他們的人際關係，就像一條巨大的章魚那變幻莫測的觸鬚，幽幽地發出它的信號，從

容地穿過那些七折八拐的甬道，獵取到自己的獵物。

一個人有多大能力，並非僅僅指他自身的能力，而是指所能調動的所有資源。人際關係順暢的人，幾乎沒有辦不成的事。沒有錢有人幫他出錢，沒有力有人幫他出力，他就是一個有錢有力的人。美國有個成功學家叫卡內基，他在研究成功訣竅時得出一個結果：一個人的成功，有85%取決於該人的人際建構與經營的狀況。外國人喜歡用精確的數據來說話，卡內基的85%的數據也許值得商榷，但人際關係對於人生的重要性是任何人都要承認的。

在人際交往中，誰都想留給他人一個好印象，有個好人緣。一個人的人緣好壞，直接反映出他（她）在處理人際關係時的能力。那麼，怎樣才能贏得好人緣呢？

✦ **誠實待人**：我們為人處世應保持誠實的美德，與他人交往尤其要以誠相待。虛偽、表裡不一的人只會被人疏遠。誠實是妳贏得好人緣的第一原則。

✦ **始終守信用**：守信用是令人敬佩的美德，人們常以守信用來表達對別人的尊敬。言而無信的人歷來受到人們的指責。當某人沒有按時赴約時，所有等著他（她）的人都會認為這是一種無禮的行為，除非發生了什麼重大的意外，否則不應找藉口，來為自己的遲到或其他失約行為開脫。如果確實發生了意想不到的事情，例如，突然生病了，或臨時加班等，都要想方設法提前通知對方，取消或推遲約會。跟人約好或答應的事，務必要履約守信。

✦ **不要在別人背後說三道四**：不要像傳播是非，挑撥離間。

✦ **為人正派，做事出於公心**：多為別人考慮，不要凡事先替自己打算，更不能為了實現個人目的而不擇手段。

## 第五章　左右逢源的關係達人

- **謹慎交友**：別人對妳的印象在很大程度上是從與妳所交往的朋友那裡了解而產生的。俗話說，「魚找魚、蝦找蝦」，什麼人喜歡交什麼人。如果別人看到妳的朋友個個都很正派，有本事，自然不敢小瞧妳。相反，假如妳交往的圈子中全是些沒法讓人恭維的人，恐怕別人對妳的印象也就不會太好了。

- **待人熱情，富有人情味**：樂於助人，當別人有困難時，妳要盡力而為。

- **切忌炫耀自己**：在社交場合，要注意謙虛待人，不要把自己的長處常常掛在嘴邊，總是在人前炫耀自己的成績。如果一有機會便吹噓自己的長處，無形之中就貶低了別人，抬高了自己，結果反被人看不起。

- **切忌誇誇其談**：有些人在與別人交往中，為了顯示自己「能說會道」，便喋喋不休，沒完沒了地長篇大論；這種人會讓人有不夠穩重的印象。

- **不要說穿他（她）的祕密**：尤其是一些個人「隱私」。知道的不要說，不知道的不要問。因為這是會使他人的面子和名譽都受損的事。

- **做人要有「品牌意識」**：「品牌」這個詞是近年隨著商品經濟的發展而流行起來的，主要是針對已建立了一定信譽、並被公認的商品而言，一樣的商品，打上不同的品牌，身價也大不相同。商品一旦建立了「品牌」，其價值就水漲船高。這就是為什麼一些企業不惜代價創立品牌、發展品牌的道理。

其實人也有「品牌」。例如，一談到某位有了一定名氣的人，我們就會聯想到一系列與之相關的事情。在日常生活中，相信妳也聽過某某人「很善良」，某某人「很吝嗇」的評語，這就是人的「品牌」！眾人的評語好，表示妳讓人的留有好印象，表示妳的「品牌」好，反之則「品牌」不好。

因此，不要使人對妳作出不好的評語，例如，說妳懶惰、水性楊花、虛偽、寡情、好鬥、陰險……一旦他人對妳作出一項或多項這樣的評語，那麼他人對妳的信賴程度必定會降低，雖然事實上妳並不是那樣的人，而在關鍵時刻，這些評語也有可能對妳造成傷害。要改變這種品牌印象不太容易，就像我們買東西上了當，以後就不信任那個品牌一樣。而這些印象也常常是在無意間造成的，人們也常常以「一次印象」來論評一個人，因此為人處世必須格外謹慎，有時不慎形成瑕疵，便一輩子也洗刷不清。商品可以調換品牌，重新包裝，人的聲譽受到損害可不太容易洗清。不過由於人們刻板的印象和個人好惡，在工作或生活中可能總會有一些人不欣賞妳，並且老挑妳的缺點。有一兩個這種人不必放在心上，但如果很多人都對妳這樣看，恐怕就值得妳認真對待了。

# 一見如故的高招

俗話說：見面三分熟。聰明的女人卻能將見面變成「八分」甚至「十分」熟──因為她們善於與人拉近關係。如何與人拉近關係，以下是一些訣竅。

## ■ 了解對方的興趣愛好

初次見面的人，如果能用心了解與利用對方的興趣愛好，就能縮短雙方的距離，而且加深對方的好感。例如，和中老年人談健康長壽，和少婦談孩子和減肥以及大家共同關心的寵物等，即使自己不太了解的人，也可以談談新聞、書籍等話題，這些都能在短時間內讓對方留下深刻印象。

## ■ 多說平常的語言

有人說過：「盡量不說意義深遠及新奇的話語，而以身旁的瑣事為話題作開端，是促進人際關係成功的鑰匙。」

一味地用令人咋舌與吃驚的話，容易使人產生華而不實、鋒芒畢露的感覺。受人愛戴與信賴的人，大多並不屬於才情煥發、以驚人之語博得他人喜愛的人。尤其對於一個初識者，最好不要刻意顯出自己的顯赫，寧可讓對方認為妳是個善良的普通人。因為一開始妳就不能與他人處於共同的基礎上，對方很難對妳產生好感。如果妳擺出一副高人一等的樣子，別人也會用同樣的態度對待妳。

## ■ 避免否定對方的行為

初次見面是建立良好人際關係的重要時期，在這種場合，對方往往不能冷靜地聽取意見、建議並加以判斷，而且容易產生反感。同時，初次見面的對象有時也會恐懼他人提出細微的問題來否定其觀點，因此，初次見面應該盡量避免有否定對方的行為出現，這樣才能造成緊密的人際關係。

當然，這並不是讓妳不提相反意見。妳應盡可能地避免當著他的面提出，或者可以借用一般人的看法以及引用當時不在場的第三者的看法，就不會引發對方反射性的反駁，還能夠使對方接受並對妳產生良好印象。

## ■ 了解對方所期待的評價

心理學家認為，人往往不滿足自己的現狀，然而又無法加以改變，因此只能各自持有幻想中的形象，或期待中的盼望。他們在人際交往中，非常希望他人對自己的評價是好的，例如，胖人希望看起來瘦一些，老人希望看起來年輕些，急欲提拔的人期待實現的一天。

## ■ 注意自己的表情

　　人的心靈深處的想法都會形諸於外，在表情上顯露無遺。通常女孩在到達聚會場所時，往往只檢查化妝是否得體、頭髮亂不亂等問題，卻忽略了「表情」的重要性。如想留給初次見面的人一個好印象，不妨照照鏡子，謹慎地檢查一下自己的臉部表情是否和平常不一樣，過分緊張的話，最好先對著鏡中的自己微笑一番。

## ■ 引導對方談得意之事

　　任何人都有自鳴得意的事情。但再得意、再自傲的事情，如果沒有他人的關心，自己說起來也無興致。因此，妳若能恰到好處地提出一些問題，定使他心喜，並敞開心扉暢所欲言，妳與他的關係也會融洽起來。

## ■ 找出與對方的共同點

　　任何人都有這樣的心理特徵，例如，同一故鄉或同一母校的人往往不知不覺地因同伴意識、同族意識而親密地聯結在一起，同鄉會、校友會的產生正是因此。若是對方也是女性，也常因血型、愛好相同產生共鳴。

　　如果妳想得到對方的好感，利用此種方法，找出與對方擁有的某種共同點，即使是初次見面，無形之中也會湧起親切感。一旦接近了心理的距離，雙方很容易推心置腹。

## ■ 表現出自己關心對方

　　表現出自己關心對方，必然能贏得對方的好感。

　　在招待他人或是主動邀請他人見面時，事先應該多少蒐集一些對方的資料。這不僅是一種禮貌，而且可以滿足他人的自尊，使他感受到妳的誠意和熱忱。

　　記住對方說過的話，事後再提出來當話題，也是表示關心的做法之一。尤其是興趣、嗜好、夢想等，對對方來說，是最重要、最有趣的事情，一旦提出來做話題，對方一定覺得愉快。

## ■ 先徵求對方的意見

　　不論做任何事情，事先徵求對方的意見，都是尊重對方的表示。在處理某一件事中，身分最高的人握有當時的選擇權，將選擇權讓給對方，也就是尊重對方的表示。而且，不論是誰都希望得到他人的尊重，絕不會因此不高興或不耐煩。

## ■ 記住對方「特別的日子」

　　當妳得知對方的生日時，要記下來，到了那天，打電話以示祝賀，雖然只是一個電話，給予對方的印象卻很強烈。尤其是本人當本人忘記，一旦由他人提起，心中的喜悅是難以形容的。

## ■ 選擇讓對方家人高興的禮物

　　俗話說：「射將先射馬」，饋贈禮物時，與其選擇對方喜歡的禮物，倒不如選擇其家人喜歡的禮物。哪怕是一件小小的禮物給對方的妻子，她對妳的態度就會改變，而收到禮物的孩子們更會把妳當成親密的朋友，妳將得到全家人對妳的歡迎。

　　一回生，二回熟。掌握了以上「拉近關係」的訣竅，妳的人際關係網中的新鮮面孔將會帶給妳無窮的活力。

# 交友要有點彈性

許多年輕女孩交朋友的條條框框很多，她們交朋友有太多原則。如 ——

看不順眼的不交；

話不投機的不交；

有過不愉快的不交；

如果說妳在少女時期，交朋友安全跟著感覺走，那還可以理解。但妳一旦走向社會後，交友則要現實一點、理智一些。結交朋友的方式不宜死板，要有點彈性。這裡所指的朋友是廣義上的朋友，和「知己」還是要有所區別的。所謂的「彈性」是指如下幾方面。

✦ **和妳不頻率對不上的人也可以是朋友**：一些妳看不順眼或話不投機的人並不一定是「小人」，他們還有可能是對妳有所幫助的君子，妳若拒絕他們，未免太可惜了。妳也許會說，話不投機又看不順眼還要「應付」他們，這樣做人太辛苦了。但為了結識真正的朋友，妳就是要有這樣的修養，並且不會讓他們感覺妳在「應付」他們。要做到這樣，唯有敞開心胸，真誠以待。

✦ **相逢一笑泯恩仇**：生活中經常會有某人得罪過妳，或妳曾得罪過某人的情況，雖說不上彼此反目成仇，但心底確實不太愉快。妳有必要主動去化解矛盾打破僵局，也許妳們會因此而成為好朋友，或許可以使關係不再那麼僵，至少妳少了一個潛在的仇人。這一點確實很難做到，因為許多人就是拉不下臉來。其實只要妳主動去做，妳的風度就會贏得對方對妳的尊敬。如果他還是擺架子，那是他的事。不過要化解僵局也要看場合和時機，不要太刻意，酒席上，對方離職時等比較適宜，也就是，總是要有個藉口。

## 第五章　左右逢源的關係達人

◆ **不是敵人就是朋友**：有些人認為「敵人的朋友就是敵人」，這樣做會使敵人一直在增加，朋友越來越少，最後使自己成為孤家寡人；應該改為「不是敵人，就是朋友」，這樣朋友就會越來越多，敵人越來越少！這裡我們所指的是廣義上的敵人，如執不同意見者或競爭中的對手等。

◆ **沒有永遠的敵人，也沒有永遠的朋友**：敵人會變成朋友，朋友也會變成敵人，這是社會發展和生活中的現實。當朋友因某種緣故而成為妳的敵人時，妳不必太憂傷感嘆，因為有一天他有可能再成為妳的朋友。有這樣的認知，就能以平常心來交朋友。

我們交友要有彈性，對待朋友也應有彈性。

有個女強人，朋友無數，三教九流都有，這令她辦起事來得心應手。後來有人問她，朋友這麼多，她都能同等對待嗎？

她沉思了一下說：「當然不可以同等對待，要分等級的！」

她說她交朋友都是誠心的，不會利用朋友，也不會欺騙朋友，但別人來和她做朋友卻不一定是誠心的。在她的朋友中，人格高尚的朋友固然很多，但想從她身上獲取一點利益，心存二意的朋友當然也不少。

「對方有壞意，不夠誠懇的朋友，我總不能也對他推心置腹吧！」這位女強人說，「那只會害了我自己。」

她就是根據這些等級來靈活地決定和不同朋友來往的密度和自己打開心扉的程度。

# 掌握好友誼的「分寸」

　　有很多年輕女孩子遇到過這種情況，閨中密友的熱情讓妳害怕甚至恐懼。朋友之間各自的家庭、工作和其他社會環境都不盡相同。作為朋友，如果不考慮實際，以自我為中心，強求朋友經常與妳膩在一起，勢必會帶給她困難。

　　此外，人與人之間的差異是必然存在的，交往的次數愈是頻繁，這種差異就愈是明顯，經常形影不離會使這種差異在友誼上造成不應有的作用。因此，交友不要過於甚密，一則影響著雙方的工作、學習和家庭，再則會影響感情的持久。交友應重在以心相交，來往有節。

　　友誼不是愛情，妳如果希望妳的朋友像男朋友一樣對妳忠貞不二是不可能的。愛越專一就越甜蜜，友誼則不一樣。過分的依賴會損害朋友雙方的關係。朋友並非父母，她沒有指導和保護妳的義務。她能支持你，但不可能包辦代替。妳必須清楚，她只不過是朋友而已。

　　如果妳想對朋友說「你應該」、「你不應該」、「你最好」、「你必須」……那麼妳無疑是想控制朋友的生活，這種做法會使朋友感到很不愉快。如果妳是被控制的，不要認為有人為妳操心一切是再好不過的了。控制妳的朋友不是知心的朋友。一旦妳把自己從他的「統治」下解放出來，就會出現奇蹟，妳和朋友就會變得平等。

　　好友親密要有分寸，切不可自恃關係密切而無所顧忌，親密過度，就可能發生質變。好比站得越高跌得越重，過密的關係一旦破裂，裂縫就會越來越大，好友勢必會成冤家仇敵。

　　莫打聽朋友的隱私。對方要保守祕密並不是對妳的不信任，而是對自己負責。妳同樣也需要保守自己的祕密，這一切並不證明妳和好友間的疏

遠。相反，明智的人會認為，如此雙方的友誼會更加可靠。

在妳朋友覺得難為情或不願公開某些私人祕密時，妳也不應強行追問，更不能以妳們的關係好而私自去偷看或悄悄地打聽朋友的祕密。一般情況下，凡屬朋友的一些敏感性、刺激性大的事情，其公開權應留給朋友自己。擅自偷聽或公開朋友的祕密，是交友之大忌。

給朋友面子。維護朋友形象是妳應該做到的，這種方式猶如為妳們的親密關係罩上一層保護膜，讓友情滋潤成長。

而現實生活中，牢記這一點的人並不多，以密友相稱的人為了證明一切，把當眾指責、揭露看做是證明的手段，往往導致友人的不滿。朋友的形象是妳們共同的旗幟，不論關係多麼親密，請妳不要砍伐它。

親密的友誼，不應該是粗魯、庸俗的。在理解和讚揚聲中，友誼會不斷成長。

# 巧手編織關係網

無論是生活圈還是事業圈，個人生活品質的好壞都在於一張完美的人際關係網。只有網結得好，才能做人生的贏家。如果妳還沒有認知到人際關係的重要性，我們再探討一個問題：在妳感到遺憾的往事中，有多少失敗了的事情只要有一個關鍵人物出手幫妳，妳就可以擺脫敗局？一定很多吧？可見，我們人生的成敗，在一定程度上是人際關係成敗的折射。

宋朝的才子范仲淹，官至宰相，才識智慧在當時是無與倫比的。他雄心勃勃想成就一番偉大的事業，但卻處處受阻。范仲淹看到當時社會普遍存在的腐敗之風，自己無可奈何，只好發出「微斯人，吾孰與歸？」的千古悲吟來表達自己的心情。

　　人類社會經過千百年的發展，人際關係更被打上了獨特的烙印。想在社會中生存發展，想在社會活動中遊刃有餘，想在社會發展中出類拔萃，出人頭地，良好的人際關係能在妳的事業成功路上助妳一臂之力。

　　有的人整天忙忙碌碌，認識很多人，網織得很大，但漏洞百出，而且又有許多死結，結果使用起來沒有實效，撒進海裡也網不到魚。

　　人的精力是有限的，如何高效快捷地編織好一張良好的關係網呢？妳有必要常常做以下工作。

◆ **篩選**：把與自己業務有直接關係和間接關係的人記在一個本子上，把沒有什麼關係的記在另一個本子上，這就像是打撲克中的「扣底牌」：把有用的留在手上，把無用的扣下去。

◆ **排隊**：要對自己認識的人進行分析，列出哪些人是最重要的，哪些人是比較重要的，哪些人是次要的，根據自己的需要進行排隊。這就像打撲克牌中要「理牌」一樣，明白自己手裡有幾張主牌，幾張副牌，哪幾張牌最有力量，可以用來奪分保底，哪些牌只可以用來應付場面。由此，妳自然就會明白，哪些關係需要維持和保護，哪些則只需要一般的聯絡和關照，從而決定自己的交際策略，合理安排自己的精力和時間。

◆ **需要對所有關係進行分類，知道他們不同的作用**：因為妳需要的幫助不可能只從某一方面獲得，往往涉及很多方面，妳需要很多方面的資源。例如，有的關係可以幫助妳辦理相關手續，有的則能夠幫助妳出謀劃策，而有的卻只能為妳提供某種資訊。雖然作用不同，但對妳都可能是至關重要的。所以一定要分門別類地對各種關係的功能和作用進行分析和甄別，依次把它們編織到自己的人際關係網之中。

有了以上的準備，妳才可能有效地利用這張網，打好自己手中的牌，並且自己知道在什麼情況下應該打什麼牌。

當然，有了這張網之後，妳還得不斷地檢查、修補它。因為隨著部門調整、人事變動，妳的網也會常常出現漏洞和空缺。妳必須不斷調整自己手中的牌，重新進行排隊和分類，不斷從關係之中找關係，使自己的人際關係網一直有效。

# 與朋友交換資源

妳的人際關係網有多大？

沒有人可以限制妳的人際關係網的發展空間，一切由妳操之在手，它可以無限大，也可以無限小，這要看妳的努力程度了。

當兩個人交換一塊錢時，每個人都只有一塊錢；但當兩個人交換人際關係的資源時，他們就可以都擁有更加豐富、完善的人際關係網了。每個人的人際關係網是不一樣的，妳的人際關係網中的每一個節點，很可能會為妳帶來一條人際的線。這就如同數學的乘方，以這條的主線來建立妳的人際關係網，速度是十分驚人的！

假如妳的朋友對妳說：「下星期我們有個聚會，妳來參加我們的聚會吧。」妳到了那個聚會，發現這些人都是來自五湖四海的人。帶了圈內朋友來的人和沒有帶來的人的附加價值是不一樣的。我們知道在人際關係網中，朋友的介紹相當於信用擔保，朋友要把妳介紹給其他人時，就意味著朋友是為他做了擔保。基於這一點，妳可以請妳的朋友多介紹一些他的朋友讓妳認識。就像我們做客戶服務一樣，如果妳的新客戶是一個很熟識的老客戶介紹的，這位新客戶一下子就會接受妳或妳的服務。

　　妳會發現這樣累積人際資源的成本是最低的，妳不需要花更多的時間去做自我介紹，也不需要花更多的時間去請客吃飯，這一切都可以省下來了。

　　要靠別人壯大自己的人際關係網，首先必須有一個前提，我們所擁有的人際資源如同做生意，應該是平等交換。我們跟朋友之間之所以可以維持互動關係，是因為我們各自有可以提供給對方的東西，而且這種交換是不同價值的交換，是透過交換來彌補各自的需要的，而且這對雙方都有意義。

　　妳有一個蘋果，我也有一個蘋果，如果彼此交換，還是各有一個蘋果；但是，倘若妳有一個人際關係網，我也有一個人際關係網，如果我們互相交換，那麼妳就有兩個人際關係網，我也擁有兩個人際關係網。所以，聰明的女孩總是努力把自己的朋友介紹給朋友，並要求朋友也介紹她的朋友讓自己認識。

# 朋友間保持互動

　　再好的朋友，如果長時間沒有任何聯絡，感情也會淡下去。我們也許有這樣的生活經驗，一個多年未見的老朋友猛然相逢，兩人欣喜之餘，卻再也找不到可以深談的話題。關係是走出來的，不互相走動，關係就會淡漠。

　　維持人際關係網對許多人來說是件苦差事。在多數人的印象中，交朋友很浪費錢和時間。因為要維護人際間的互動，常常需要定期吃飯聚會，或是唱唱 KTV 等。還有就是趕上逢年過節、對方生日、升職、結婚生子，總免不了要送個禮物或紅包。

## 第五章　左右逢源的關係達人

　　要維持長期的人際互動就更難了，現代人的工作生活節奏不斷加快，使得人們的耐性和持續力都有限，除非有共同嗜好、興趣或是習慣，不然幾乎都沒有保持定期聯絡的可能性。這大概是為什麼有些人際圈很大的人，會利用假日邀三五個好友下棋、打橋牌或去郊外旅遊的緣故。

　　好在利用電話、簡訊（或電子郵件）、節日賀卡、生日聚會等也是有效的維持關係網的方式。這些方式無疑使互動變得方便快捷。在維持關係和保持互動時，除了這些形式上的問候與聚會之外，還需要良好的記憶力和創意。

　　在記憶力方面，應努力記住和朋友上次聚會或交談時的內容，以及關心對方目前的進展狀況。每次有機會和朋友聊天時，要專心傾聽並記住對方的近況，其中大致可以分為公事、私事和外在形象這三方面。

◆ **公事**：有關朋友的工作與發展情況，在這個部分，有必要盡量記住幾個關鍵 ──

　· 公司名稱與基本產品、職務稱謂、工作內容及薪酬福利。

　· 部門之間人事相處情況和他的個人感覺。

　· 朋友對這個產業的了解與想法。

◆ **私事**：有關朋友的家庭、感情生活、共同朋友的狀況 ──

　· 朋友與其父母、兄弟姐妹的情況。

　· 目前的感情生活。

　· 了解他目前或近期個人的發展計畫。

◆ **外在形象**：這一部分比較簡單，只要稍微注意一下，聚會時對方的外表穿著、情緒狀況、健康氣色即可。

在應用方式上，盡量挑選對方感興趣的話題，以便作為下一次溝通時的銜接題材。

在溝通方式上，用問的方法比較能表現主動關心對方的感覺，比方說：

「上次看妳工作壓力很大，現在好多了吧？」

「那個找妳麻煩的主管，最近對妳怎麼樣？」

「妳上次穿的那件衣服看起來很精神，妳是在哪裡買的？我一直沒找到。」

但是有些問題則需要稍微避諱一下，比方說私人感情、某些實現起來有困難的目標、工作上的升遷或薪水獎金金額等。這些問題在無法確定對方是否樂於回答時，盡量不先開口會比較好。因為像這些問題，常會引出一些爭執、意見分歧，使對方諱莫如深。因此，最好是由對方主動向妳說明近況。

如果對方在上次聚會時，曾經發誓、詛咒某個宣言或話題，也要盡可能避免詢問，因為如果對方真的做到了，他一定會直接告訴妳，和妳分享他的成功與興奮。如果對方沒做到，妳這就是「哪壺不開提哪壺」，揭人短處自討沒趣。

在維持人際間的互動上，如果能運用頗具創意的方法，一定能收到非常棒的效果。

比方說，自己親手做一些小手工藝品，當做送給朋友生日或升職的賀禮，這樣不但省錢，而且也表現了自己的一片心意和獨特的創意。像是串珠、中國結或環保藝術品、編織的幸運帶或是自己捏出並燒製的陶藝品、剪紙、卡通畫，甚至可以做一張友情卡片、寫首詩等，都是不錯的 DIY 創意禮品。

買本書再加上自己研究的精美禮品包裝，也是不錯的創意。我常常收到朋友經過自己精心包裝的禮品，他們很講究禮物外觀的表現方式，雖然禮物都不是很名貴，但那些考究別緻的包裝，卻常讓我捨不得拆開，它們本身看起來就像工藝陳設品一樣，既美觀又極富創意。

在平時的互動上，利用現代通訊技術的手機、簡訊及網絡平臺，做一些非常時髦有趣的互動。最實用的方法是將和朋友工作有關的市場資料、產業分析、學術報告、不錯的演講資訊、最近看過的好書或節目，盡量用E-mail、電話、簡訊、信件或傳真等方式通知朋友。

在電子郵件轉寄上最好先過濾一下訊息內容，或者寫些自己的觀點和想法，提供給朋友作為參考。值得注意的是，如果妳認為某一份資料有用，而且肯定會對朋友有所幫助時，可簡單地幫助對方做一些整理和查證工作，將一些多餘的文字或符號刪除是很貼心的行為。畢竟目前網絡上有太多垃圾郵件、惡作劇的訊息或可怕的病毒，瘋狂轉寄只會讓收件者的郵箱爆滿或被傳染上病毒，更別提消化吸收了。

## 關係網的新陳代謝

世界上的一切事物都處於不斷地運動、變化和發展之中。我們的人際關係網如果不隨著客觀事物的發展而發展，就會逐步處於落後、陳舊甚至僵死的狀態。因此，一個合理的人際關係網必須具有能夠進行自我調節的動態功能。新陳代謝反映了人際關係在發展變化過程中前後聯繫上的客觀要求。

在實際生活中，需要調整人際關係網的情況一般有三種。

✦ **奮鬥目標的變化**：也許妳的奮鬥目標已經實現，也許妳的奮鬥目標已經發生了變化，例如，棄政從商，這需要妳及時調整人際關係網，以便更有效地為新的目標服務。

✦ **由於生活環境的變化**：在當今這樣的開放社會，人口流動性空前加快，本來臺南工作的妳，也許會北上臺北工作。這種工作環境的變動，勢必由工作關係、客戶的變化，引起人際關係網的變化。

✦ **某些人際關係的斷裂**：天有不測風雲，人有旦夕禍福，朝夕相處的親人去世了，在悲哀的同時，不能不看到人際關係網的變化。

可見，調整人際關係網有被動調整和主動調整兩種，不管是何種調整，都要求我們能迅速適應新的人際關係網。

為此，我們應該努力為自己建造一種善於進行新陳代謝的開放性人際關係網。這樣做也許有點瑣碎，但其回報是妳將擁有一個充滿活力的人際關係網。

# 異性朋友可以互補

男女關係是人際關係網的一個重要方面。天地之間，陰陽互補，剛柔相濟，兩性的力量結合在一起，可以使人際關係網的能量擴大到妳意想不到的程度。

男人和女人不但在心理上，而且在其內在的性情品格上，也有著許多可以互補的內容。

女淳樸，男厚道；女含蓄，男直率；女婉約，男豪爽；女樸質，男信實；女純真，男忠誠；女溫柔，男寬容；女體貼，男達觀；女內秀，男聰明；女精細，男明智；女乖巧，男機智；女勤快，男奮勉；女端莊，男穩

健；女嫻靜，男儒雅；女謙和，男平易；女豁朗，男曠達……

　　在行為上，兩性也各有特色。男子步態矯健，女子款步輕盈；男子舉止灑脫，女子動作優雅；男子言談似夏雨，女子說話如春風；男經歷大事能決斷，女生活小事能自主。

　　可見，在妳的人際網裡，異性的組合是不可缺少的。它可以使妳的生活充滿生氣和活力，使妳在整個人際關係網內煥發出具有生命力的吸引力和無限的能量。

　　結交異性朋友是當今社會開放的一種新型的社交現象。過去那種男女授受不親的時代已經過去了，我們現在經常看到社交場合中男女握手為友，彼此平等交往，共謀大業，展現了開放時代的開放精神。

　　一位女性這樣說：我很幸運，我有好幾個男性朋友 —— 我們可以撇開性別的隔閡，無拘無束地談論我們最隱祕的思想和情感。如果我說出一個閃過腦際的很瑣碎的想法，諸如「我是不是該剪頭髮了？」或「你覺得我該把這屋子怎麼布置一下？」他們聽了不會打哈欠，也不會對我的問題避而不答。我的男性朋友們總是不帶任何評判和責備地傾聽我對他們訴說我的恐懼、我的擔心、我的各種問題和莫名其妙的煩惱，而我也是以同樣的方式對待他們。

　　一位男士也說：「我發現我與女性朋友之間的友誼，在一定程度上要比我和女人的戀愛關係更令人滿意，因為友誼關係中沒有互相情感的糾葛，雙方都比較冷靜，能夠不為情緒所左右。而且，對我來說，與女人建立起柏拉圖式的朋友關係，要比發生愛情糾葛容易得多。現在工作在我心中是第一位的，我拿不出足夠的時間和精力來維繫、更不能說去建立戀愛關係，但是我可以從我的朋友那裡獲得足夠的精神支持，因此我沒覺得迫

切需要愛上誰。我說的朋友，既包括男人也包括女人，事實上，朋友就是朋友，我沒有看出我的男女朋友間有太大的區別。」

應該承認，男女間除了愛情與親情的關係，還可以有真誠的友誼存在。異性朋友可以互補互敬，互相促進。

結交異性朋友首先必須解決觀念問題。在傳統社會裡，異性交往是最敏感的問題，需要中間媒介，或者第三者在場，不然會有閒話，這是封建社會的交往方式。現代社會，男女交往如果還需要中間媒介，那就是保守和無能。男女之間只有採取開放平等的交往方式，才有可能真正主動自然廣泛地結交異性朋友。

結交異性朋友必須克服心理障礙。異性交往有積極的一面，也有消極的一面。積極的一面表現在異性交往可以體驗異性不同的性格和心理情感內容，雙方可達到互補；而消極的一面表現在男女之間往往很難把友誼與愛情區別開來。如果一開始就以婚姻為目的去結交異性朋友，就會使這種交往變得拘謹而庸俗，妨礙正常的交往。

第五章　左右逢源的關係達人

第六章

愛情滋潤的幸福之花

愛，是人類繁衍、進步的原動力。

人的一生中被各式各樣的愛包圍著，有父母子女間的親情；有兄弟姊妹的友愛；也有那泛泛對世人的博愛；更有那最令人心動的愛情。古人云，問世間情為何物，直教人生死相許。這指的是人們千百年來追尋渴求的情感：愛情。

席慕容這樣說過：「在年輕的時候，如果妳愛上了一個人，請妳一定要溫柔地對他。不管你們相愛的時間有多長或多短，若你們始終能夠溫柔地相待，那麼，所有的時刻都將是一種無瑕的美麗。」

在有關女人幸福的夢想之中，必然有一個心願，那就是找到心目中的白馬王子，最好是青梅竹馬，或一見鍾情……

## 戀愛有點像練體操

有人說：戀愛像體操，需要從年輕的時候開始不間斷地練習才能技藝高超，等年齡大了再練難免摔傷自己。如今這個時代的女人，30 歲前就該把功夫練好，否則對著鏡子痛哭的總是自己。

一見鍾情、只談一次戀愛就走向婚姻的紅地毯，並且一輩子「執子之手，與子偕老」的，在這個世界上真是如中了大獎一樣幸運。大多數人沒有這麼幸運，我們在找到那個陪我們度過一生的男人之前，注定還有不止一次失敗的戀愛要談。

20 多歲的我們哪裡肯做孜孜不倦的科學家？我們執著地迷信緣分而無視數學機率。即使眼前是「一頭驢子」卻還在讚美他的深沉。每個年輕的女孩在心中都篤定地認為：最終伴我走過一生的那個男人一定是英俊瀟灑的，看到他第一眼的感覺就像被雷擊了一樣強烈，然後一個聲音在心裡

說：就是他了……哪怕他口袋裡連十塊錢也沒有，從來不摺被子也不看報紙，連麵條也煮不熟，可對男人來說，這算什麼缺點？那時我們看到的男人就是他的一張臉，一張讓我們一想起就感動得落淚的臉，為了追隨這張臉我們可以餐風露宿。

就像劉若英在〈後來〉裡所唱的，很多事情我們要「後來」才會明白。後來，我們才明白：一張臉傳達出來的訊息往往是錯誤的，外表深沉的男人也許頭腦淺薄，慷慨寬容的微笑後麵包裹著一顆斤斤計較的心。慢慢地，我們越來越多地關心他的房間是不是整潔，他會不會填寫車輛保險單，他知不知道怎樣克制自己內心的浮躁……還有最重要的一點，他懂不懂得欣賞妳？

聽聽過來人是怎麼說的：「面對第一個男人，我們發誓我們的愛情可以永遠不變；對第二個男人我們還是這麼說，可心裡已經不再那麼篤定；等第三個男人來了，我們就側過頭看著窗外，淡淡地說：『誰能知道將來的事情呢？』」

## 有關愛情的 7 個忠告

「說到底，愛情是超越成敗的。愛情是人生最美麗的夢，妳能說妳做了一個成功的夢或失敗的夢嗎？」，無論我們的愛情是什麼狀況，用這句話來鼓勵和安慰自己都不失為聰明之舉。

現代的愛情似乎處於速食時代，骨子裡有傳統思想的人，要想在現代愛情中遊刃有餘、進退自如，就需要提高自己的愛情智商。編者為讀者列出了以下 7 條意見，我們摘錄如下。

✦ **相信愛情但不迷信愛情**：天長地久的真正愛情是存在的，但期望它會超越一切是不現實的。愛情可能隨時間的變化而變化，它的消亡不一定意味著失去生命的全部。對愛情有如此認知，可以使我們不迷信愛情，也就不容易受傷絕望。

✦ **能進也能出**：投入的時候可以忘我，結果出現時該讓理性站出來，不論這種結果是婚姻的開始還是愛情的結束。這樣才能掌握愛情的主動權，不在感情中迷失，所謂「該放手時就放手」。

✦ **主動和理性的姿態**：守株待兔地等待愛情，一定會錯失很多機會（但盲目地搶奪愛情，則會損人不利己）。以主動的姿態，自信地追求愛情，開放心靈，便會擁有愛情，而不會讓愛情因自己的追求失當而葬送。

✦ **具有愛的能力**：愛的能力包括付出的能力、理解的能力、寬容的能力和自我承擔的能力。不要指望另一半會為我們分擔一切，很多東西我們仍然需要獨自面對。付出比索取對愛情更有益，也使自己更快樂；寬容對愛情有出乎意料的效果。

✦ **有一點心理彈性**：享受愛情的親密，接受另一半的疏離，鬆和緊都能悠然掌握。擁有的時候要珍惜，失去了就趕快轉彎，不必沒完沒了地緬懷過去，相信新的愛情就在前方。

✦ **了解一點愛情心理**：似可得又不可得的狀態，感情極易升溫，利用這一點可以強化愛情氣氛。製造一點小障礙，會使另一半鬥志更高昂。另一半遇到挫折，最需安慰。新鮮花樣永遠是愛情所需。諸如此類，不一而足，用好了，會形成良性的互相激勵態勢。

✦ **有一點經濟基礎**：雖然物質和愛情不一定成正比，但有一點物質基礎絕對有益於愛情的健康生長，不食人間煙火的愛情很難長久。

說到底，愛情是超越成敗的。愛情是人生最美麗的夢，妳能說妳做了一個成功的夢或失敗的夢嗎？，無論我們的愛情是什麼狀況，用這句話來鼓勵和安慰自己都不失為聰明之舉。

# 一個女人要的是什麼

一位很要好的姐妹玲子最近離婚了，他們曾經是那麼恩愛的一對夫妻。兩人是大學同學，經歷過長達 6 年的愛情長跑，才得以終成眷屬。然而結婚沒幾年，怎麼說離就離了呢？

玲子很平靜地講著她的婚變。其實原因很簡單：愛情不是海市蜃樓，婚姻最是平淡務實。她和原來的老公很相愛，因為相愛才願相守，可結婚之後現實卻是殘酷的，她與老公收入都不高，在現實社會裡人們的一舉一動都需要錢。沒有錢何來什麼風花雪月？這種捉襟見肘的生活，令他們每日都在算計著柴米油鹽中度過。而她老公卻又有著不食人間煙火的清高，這樣便與現實格格不入，使得他喪失了許多發展的機會。與這樣的人生活在一起，想改變現實處境幾乎是不可能的，這樣日復一日地累積下來導致了他們經常性地爭吵。清高的人自是不願低下他那高傲的頭，爭吵之後兩人三天兩頭地互不理睬已成為家常便飯，天長日久嚴重傷害了他們的感情，這種日子她越過越難過，有段時間她很痛苦，畢竟她還是很愛老公的，離開他她也有萬般不捨，可再這樣生活下去，她覺得自己的神經也快崩潰了，終於在一次爭吵之後她選擇離開，她其實並不想離婚，她只想讓老公來哄哄她，可一連兩個多月老公音信皆無，她終於徹底死了心，她知道老公是無法改變的，而她也無法改變自己，離婚當然也就不可避免了。

我們都知道有一句俗話叫「貧賤夫妻百事哀」。這句俗話本來是唐代

元稹懷念亡妻時寫的詩中的一句，原意是指一想起他貧賤之交的亡妻便忍不住哀傷。但經過一千多年的傳播，民間對於這七個字的理解早已變成了：貧賤的夫妻在困窘之中難免心有戚戚。心有戚戚，婚姻便很容易出問題。

沒有錢，我們能愛多久？

在社會中，一些所謂的榜樣，時時地提醒著窮人的尷尬，彷彿他們是可恥的，卑微而渺小。就連愛情，好像這個時期的他們也不配擁有。在很多女人的愛情裡，金錢是一個沉重的砝碼。在競爭中，錢代表著男人的事業、自信和很多無形的東西；女人時常會以男人投入金錢的多寡來量化他對自己的感情。

有人說這是一個金錢推動的社會，是人們追求金錢的欲望以及擁有了金錢的虛榮使它永遠向前。又有人說，男人征服天下的目的是為了最終得到女人，女人則以得到男人而得到天下。

常常看到許多女孩子為愛情與麵包的問題而猶豫不決。其實，絕大多數陷入此問題當中的人只是進入了一個自找麻煩的偽問題當中。這個問題要存在，必須有兩個先決條件：其一，一個富家公子愛妳但妳不愛他；其二，一個貧窮青年愛妳同時妳也愛他。這兩個條件缺一不可。

在平凡如妳我的身邊，更多的是平凡如妳我的人。大富的公子哥不說難遇到，就算遇到了也往往被那些眼尖的美女捷足先登了。一貧如洗的窮小子，我們同樣也因為所處的圈子不同而難以遇到（除非與他是在一個階層與圈子），要愛上他還真有難度。因此，所謂的愛情與麵包的問題，更多的是一個平凡女孩對於平凡（而不是貧寒）生活的不甘。

在網路上有一些關於女人愛情觀的網絡短文。其中有一篇題為〈5～30 歲的女人的愛情觀〉的文章，寫得頗有見地，特轉錄如下與各位分享。

因為各種原因，原作者不詳。

我，一直想找一個理想的男友，結果總是很鬱悶。

5歲時，我喜歡一個叫仔仔的男生，他有兩顆虎牙。當他手裡有兩個紅橘的時候，他會把那個大的給我吃。現在我再遇到他時，他手邊有一個5歲的女孩正在叫他爸爸。

13歲，我暗戀隔壁班一個叫阿昆的男生，阿昆長得像三浦友和的哥哥，為了見到他我每天繞道去廁所，持續了兩年。15年後我們再次相遇，他胖得像豬而且已經成了爹，他看著我就像看白天鵝，我終於知道自己當初有多醜了。

16歲，我覺得自己真的在愛一個人了，我喜歡上了我們的生物老師。他瘦瘦的白白的，身上總有莫名的香味，他上課路過我的身邊時，我總是貪婪地嗅著他白襯衣上的味道。他點我回答問題，我張口結舌，還總是深情地看他。他說，考不上大學妳就傻眼了。結果考上大學的我照樣傻眼了，他結婚了，我失戀了。

19歲，我開始了人生的初戀。大一時有個男生每天為我占圖書館座位，還買小籠包給我吃。另外，情人節還送我打折玫瑰。我白衣飄飄地坐在他的單車上演繹著花樣年華。結果呢？大學畢業我們各奔東西。大學的戀情往往是黃粱一夢，能夠水到渠成的不多。想了想，最難忘的是他晚自習送來的小籠包。

23歲，我變得聰明而多情起來，想找個「四有新人」——就是有型有款有車有房，但那樣的人不是準備給我的，於是我降低要求，想嫁個小有錢人。後來看了太多有錢人花心的故事，我又被迫降低標準：沒有錢，個子高長得帥也行，至少養眼。這樣的男人交往了幾個，結果長得比我難看的被我甩了，比我長得好看的甩了我，男人女人均是好色之徒。

## 第六章　愛情滋潤的幸福之花

　　25 歲，我終於定下心來想找個知冷知熱的男人過日子，畢竟凡人多是柴米夫妻。但這也難，我遇到一個好像和錢有仇的男人，他總怕一夜之間新臺幣貶值一樣，迫不及待地把錢花出去。用他的話說，這點錢娶個老婆也不夠，去趟歐洲只夠到那裡，還是吃了喝了吧。這樣的人我能嫁嗎？當然不能。遇到的第二位男人小氣到讓我側目，我懷疑他們祖上說不定都是會計，不打折的東西他不買，牙膏用完了要死擠，擠完了還要用剪刀剪開……天啊！我怕嫁給他一條內褲也要穿十年，所以還是快閃。

　　27 歲，我理想的男友條件一直在降低著標準，卻仍獨守空閨。我媽說我這人太挑剔，我說我的要求並不高。

　　30 歲，我的嫁人條件簡單到和 5 歲時一樣，我希望有一個像仔仔的男生，如果手裡有兩顆橘子，他會把那個大的給我吃。如果我愛吃，他就全都給我；如果我嫌剝皮太麻煩，他就替我剝。這種男人具備一顆平凡愛人的心，這就足夠了。若得此君，夫復何求？

　　人生就是這樣，走了那麼多路，只是在原地畫了個圈。能夠和妳相守一生的人並不一定是和妳有著轟轟烈烈的愛情，只有那種平平淡淡的愛才是最真，也是最長久的。

　　雖說「貧賤夫妻百事哀」，但真正「貧賤」到衣食無著境地的夫妻又有幾個？事實上，我們身邊絕大多數的夫妻是「平凡夫妻」而非「貧賤夫妻」。在世界上有很多小的城市，人們平靜而相愛地生活著，不需要很多的錢，可是，卻擁有不盡的愛。

　　當妳有錢的時候，妳還會和妳親愛的老公或是老婆一起煮東西吃嗎？老公整天在外面忙著應酬，老婆呢？坐在洋房裡，陪在身邊的只有那個保姆兼廚子兼陪伴，想和人說說話的時候，只有那個保姆；和妳一起去買菜的那個人，也不再是妳那個親愛的老公，而是那個保姆。生活對於妳來

講，就只是這樣的嗎？這樣的生活，妳還會覺得有意思嗎？

一個女人要的是什麼？不是住得多好，吃得多好，用得多好，而是一個家，一個可靠的肩膀。有些人結了婚，沒有多少錢，但是依舊樂在其中，平平淡淡地過著日子。人這一輩子最重要的是什麼？不是妳吃得有多好，穿得有多好，住得有多好，而是妳的心能不能掌握好這個分寸。知足常樂。

金錢，生不帶來，死不帶去；而享有一次真正沒有缺憾的生命，是我們的尊嚴，同時也是我們對自己和對他人的一種尊重。

# 如何將白馬王子收入囊中

沒有誰規定在愛情中要由男人扮演主動方，女人也可以。一個女人最大的幸福大概就是獲得一份稱心如意的愛情。智慧的女人早就知道，如果沒有適當的主動精神，美麗的愛情很可能會錯過。身為女人想要愛情成功，就要永遠記住，愛情不是一場被動等待的悲喜劇，而是互相吸引和追逐的遊戲。當男人無法沉穩地操控局勢時，狩獵愛情的主動權就掌握在女人手中了。

在愛情的尋尋覓覓中，有的人總是很難覓到意中人。徒然浪費了許多青春和精力。選擇意中人，是談情說愛的第一步。但就是有許多女人在這第一步上不敢邁開步子，總是原地踏步，因而，「還沒碰上適合的」，也是這些女人使用頻率最高的一句話。

選擇意中人，雖無定規，但提高效率，少走彎路的經驗還是有的。對於女人尤其重要的是不能等待愛情的降臨，這是對自己最不負責的表現了。

## 第六章　愛情滋潤的幸福之花

俗話說：男追女，隔座山；女追男，隔層紗。但這薄薄的一層紗，對於相對矜持的女孩來說，捅破的難度絲毫不亞於翻過一座山。女孩若想讓自己心儀的白馬王子拜倒在自己的石榴裙下，還是需要花一定心思的。

### ■ 把握機會

傳統的觀念中，向來是男孩主動向女孩追求。但現代社會提倡男女平等，女孩若碰到喜歡的人，同樣應該大膽追求，切莫錯過良機。

例如，在電梯中妳有機會與同一個印象挺好的人多次相遇，或是上班的路上幾次碰到同一個人，妳可以主動與他搭話，儘管妳們的交談十分簡單，但有了第一次的交談，說不定妳就邁出了戀愛的第一步。所以當妳發現一個自己喜歡的人時，妳必須悄悄地接近他，然後設法與之搭訕：

「我們以前好像見過，好面熟啊！」

「請幫個忙好嗎？」

諸如此類的話，妳不必在乎有沒有意義，不妨都大膽地講出來。話題本身是引子，目的是進一步與他結識。

### ■ 巧妙暗示

也許妳不太適應主動和一位陌生的男人交流，這時妳可以採用另外一種形式，就是以巧妙的方法暗示對方。如果對方領會了妳的意思，他一定會主動與妳交談的。

例如，暗對方一個秋波、一個神祕的微笑、一副害羞的表情，都會引起異性的注意。如果他領會了妳的用意，就會主動過來接近妳，這樣妳就成功了。

## ■ 打消顧慮，大膽追求

有的人還沒開始就想「如果被拒絕了，那該怎麼辦」、「如果他很冷淡，那多掉價」。這些顧慮只能使妳心神焦慮不安，並且使妳失去一次又一次機會。

妳很想和一個自己喜歡的男人約會，卻總是拿起電話不敢撥號。實際上，只要妳勇敢地撥一次電話，事情就可能完全解決了，妳也就從此脫了那種焦急如焚的心境。即使對方態度冷漠也沒有什麼大不了。事實上，一般男孩對這種敢於主動追他的女孩子都不會讓她難堪。

## ■ 施展魅力，顯示個性

每個女性都有她獨特的風姿和魅力，不一定全來自外表。或許，妳還沒有發現自己迷人的地方，但對方已經覺察到了，並深深地愛上了妳。

漂亮的外表是天生的，而高雅的氣質是可以培養的。儀態端莊、氣質高雅是女性吸引男性的永久魅力。要做到儀態端莊，女性應注意的方面有很多很多。例如，與男性握手時，不要太用力，應該輕柔；走路要昂首挺胸，腳跟先著地；說話應溫和、柔美，笑時要優雅等，這些都是表現女人味的方面。如果女人能做到這些，就一定能夠吸引男性。

# 不愛那麼多，只愛一點點

有一首歌中唱道：不愛那麼多，只愛一點點，別人的愛似海深，我的愛情淺。這個歌詞原本是有「文壇怪傑」之稱的李敖的一首詩（全詩見本節末），名為〈不愛那麼多〉，被歌手巫啟賢改編為〈只愛一點點〉，坊間傳唱一時。曾有人這樣評價：「只愛一點點，相當痞的歌，相當好的

詞。李敖寫的一個小詩，結果不幸，沒觸動他的女人，卻觸動了巫啟賢，譜了曲。詞中所述，是相當高的境界。是人神共往，天地同意，世界太平的一種狀態。」

在瓊瑤的愛情肥皂劇裡，我們總是能聽到諸如「我真的真的好愛妳好愛妳」之類的煽情表白。這些話千篇一律地用哭腔喊出，畫面少不了來一個梨花帶雨的特寫。愛一個人，為什麼要「十分」呢？

從妳來說，十分的愛一個人，會被他（她）主宰了妳的一切，妳如同被魔杖點中，完完全全失去自己，動輒方寸大亂。不要以為妳給予了對方十分的愛，對方就會回報妳十分的愛。十分的愛一個人，妳會無原則地容忍他（她）、遷就他（她），等到他（她）習慣於這種容忍與遷就，就如同被寵壞了的孩子，會無視妳的付出，覺得妳很煩、沒個性，甚至開始輕視妳、怠慢妳、踐踏妳……

從對方來說，被愛本來是快樂，而妳過分地愛卻成了負擔。抱他抱得太緊，他失去了自由呼吸的空間。

一直記得《東京愛情故事》中，完治對莉香說：「讓我來背負妳的未來，太沉重了。」莉香傷心之至，一個巴掌揮過去。莉香太愛完治，拚命想留在他身邊，但最後只能遠走他鄉，不帶走一片雲彩。愛情應該保持怎樣的溫度和距離，雙方才能如沐春風？如何掌握愛的尺度令人困擾，太冷了是冰山，太熱了又是火山，以下守則僅供參考。

◆ **一顆平常心**：很少有人一生只愛一次，十之八九的戀愛以分手告終，要以平常心看待歡聚與別離。沒有了誰，日子還得往下過。好聚好散，千萬別一哭二鬧三上吊，沒有人值得妳用生命去討好。再說，妳若不愛自己，怎麼能讓別人愛妳？

◆ **遷就太多就成了懦弱**：誰也不欠誰的，愛他是他的福氣。在戀愛中兩個人都是主角，要有自己的主見，懂得適當拒絕。

◆ **盡量不要在經濟上有糾葛**：金錢是個敏感的話題，戀愛中的男女一涉及現實利益馬上翻臉的例子不在少數。感情歸感情，金錢歸金錢，還是應該涇渭分明，免得賠了夫人又折兵。

◆ **不要逼婚**：太愛一個人就會想要天長地久，這時候就渴望起世俗婚姻了。一個勁在男友面前提婚紗啊買房啊，把結婚的渴望明明白白地掛在臉上。如果對方想結婚不用妳暗示他也會去買戒指，反之妳的渴望會嚇跑他。如果婚前有了肌膚之親，千萬不要擺出一副非妳莫嫁的樣子。別人不欠妳什麼，性是雙方自願的享受，不是要挾別人「要」妳的工具。

◆ **不要為了愛他生小孩**：單親媽媽現在有很多，她們都有一定的經濟能力和心理承受能力。如果想用孩子來羈絆男人的話就太不明智了，妳不能讓對方對妳負責，卻要去負責一個生命，這不是自找麻煩嗎？

◆ **不要天天廝守**：愛情的生命力是有限的，要讓愛情壽命長一點就要保持一個適當的距離。第一次單獨約會不要膩在一起依依不捨，最後居然留宿男人家。第一次約會絕對要堅守防線，最多只能讓他牽妳的手。

◆ **對方只是一部分**：要有自己的社交圈子，別一談戀愛就原地蒸發，和所有的朋友都斷了往來，這只會讓妳的生命越來越狹窄。

◆ **少吃醋少流淚**：去問問男人薛寶釵和林黛玉他們會選哪一個？男人哪有精力來向妳一一交代這個女人那個女人都只是純潔友誼？不要太計較對方的過去，幹嘛非要把他的陳年皇曆都翻出來？過去不可能是一張白紙，同時自己也不要把過去一五一十地交代清楚，尤其是被人拋棄之類的事情提都不要提。

## 第六章　愛情滋潤的幸福之花

　　鄧麗君有首歌叫〈我只在乎妳〉，這首歌不要隨便對男人唱，就算他起先很感動，漸漸地也會覺得壓抑，說不定還會苦口婆心地勸妳說我有什麼好的，不值得妳這樣。

　　人生並不會按照辛苦的程度來分配相應的回報。女人，留一點愛給自己吧，這是對自己負責，也是對婚姻負責。妳不僅應該為別人活著，還應該為自己活著。在愛父母、愛老公、愛孩子、愛工作的同時，也要好好地愛自己。給自己一點點時間，做自己想做的事，買自己想買的衣服，美自己想美的容。在為丈夫、孩子傾其所有的時候，留一點愛給自己，有屬於自己的一片天空，妳的人生才會更完整、更無悔、更具魅力。

　　只愛一點點，像觀音菩薩用柳枝蘸仙水那樣，一點點就夠了，一多，就泛濫了。

　　最後，我們將李敖的打油詩〈不愛那麼多〉附錄如下 ——

> 不愛那麼多，
> 只愛一點點·
> 別人的愛情像海深，
> 我的愛情淺。
> 不愛那麼多，
> 只愛一點點，
> 別人的愛情像天長，
> 我的愛情短。
> 不愛那麼多，
> 只愛一點點，
> 別人眉來又眼去，
> 我只偷看妳一眼。

# 這些男人再帥也不能要

俗話說：君子有所為有所不為。大意是君子在修身時，要知道哪些能夠做而哪些堅絕不能夠去做。作為女子，也應該「有所愛有所不愛」。對於以下所列的 13 種男人，妳一定要將其歸在「有所不愛」之列。哪怕他非常帥氣，也有不少錢，妳也要對他們採取敬而遠之的態度。

✦ **非常酷、非常深沉的男人**：他們經常是一副莫名痛苦的模樣，憤世嫉俗。他們生活在自以為是的悲慘世界裡，痛苦得死去活來，追求永遠也得不到的境界。他們與女人相處的時候，總是若即若離，使女人痛苦不堪。他們善於欺騙嚮往愛得轟轟烈烈的女人，可是他們轟轟烈烈的愛情僅僅是曇花一現。

✦ **過分追求事業的男人**：有事業有地位的男人是最受女人青睞的，可是如果過分看重事業的男人，往往會犧牲個人情感，而選擇那些能夠在金錢、權勢和能力等方面助他們一臂之力的女人。這種過分追求事業的男人的擇偶是有條件的，因而不是真正能夠患難與共的伴侶。

✦ **「浪子」型的男人**：他們交際很廣，從來都沒有打算一輩子廝守著一個女人。可是「男人不壞、女人不愛」，許多不信邪的女人往往躍躍欲試，想用真情或者純情去感化他們、捆住他們，但這只不過是女人一廂情願的做法。

✦ **大男子主義者的男人**：他們喜歡吆喝，一副「大丈夫何患無妻」的模樣。這種男人如果是表面上這樣，而妳的確愛他，那就遷就與維護一下他的尊嚴吧；如果骨子裡也是如此，那麼做他的妻子就慘了。

✦ **油腔滑調的男人**：這種男人甜言蜜語，虛偽地恭維每一個女人，使人渾身起雞皮疙瘩，沒有一點誠意。可是，許多女孩就喜歡這一套，被

灌得迷糊了，偷偷地沾沾自喜。與這種男人平時應酬應酬，當朋友還不錯，如果把他們的話太當真可就糟了。

✦ **有很多女性朋友的男人**：他們對每一個女人都非常關照，就像一個大好人。男女之間是不是有真正的友誼還需要探討，但若他對每一個紅顏知己或者好妹妹都事無巨細地照顧，無疑會沒有更多的閒暇顧及妳。不信，妳試試就知道了。

✦ **太注意自己形象的男人**：穿著隆重得體，出門以前總是梳三次頭再照三次鏡子。表面上他是為了取悅女人，其實他最關心的人是他自己，而且十分自私，很少會顧及到女人的感受。

✦ **志大才疏的男人**：這種男人好高騖遠，追求完美的生活和成功的事業。所以他們按照社會的期望把自己的生活安排得很滿，工作、交友和娛樂活動都不曾錯過，並且都想趕在潮流的最前沿。而往往他們缺乏內涵，沒有真才實學，因此才讓許多事情來充塞時間，營造成功男士的假象。妳如果和他在一起生活，時間一長就會發現他只是一個假好男人，這種男人一生都不會有什麼出息。

✦ **不修邊幅的藝術家**：這種男人非常有才華，他們具有豐富的想像力，往往成為令眾人仰慕的藝術家。他們覺得自己獨一無二，行動與思想都非常另類。但是他們卻不太注意外表，或許想表現自己的與眾不同，留著長髮，衣服也很破爛，很長時間不洗澡的樣子；並且他們太陶醉於藝術創作之中，很容易忽略妳的存在。和他生活在一起，妳往往感到這並非真正的生活，妳根本不能接受他的想法，妳更無力去改變他。

✦ **急於結婚的男人**：這種男人往往和妳約會幾天、甚至數個小時以後便會向妳求婚。剛開始的時候，他會表現得非常紳士、非常浪漫，他會

與妳在沙灘上漫步，送妳一束鮮花，替妳預備晚餐，甜言蜜語地說「我愛妳」。可是如果妳真的嫁給了他，就會發現他所做的一切全是表面化的。結婚以後，他馬上會完全改變，總是挑剔，喜怒無常，並且他從不認為自己有錯。因此，對於這種男人應該趁早避開，尤其是經過多次婚姻的男人。

◆ **金錢至上的有錢男人**：他們什麼事都以金錢為第一，似乎有了錢就有了一切，物質上全都滿足了，精神上卻是十分空虛的。和這種男人在一起，女人往往會變成傻子。

◆ **心理不健全的男人**：心理不健全的男人絕不要妄加選擇，與他們一起生活非常痛苦。常見的心理不健全的男人有以下幾種。

· **心胸狹窄**：不準妻子和其他男人稍有接觸。

· **心理陰暗**：為了達到目的，往往使用卑劣手段卻不以為恥。

· **膽小懦弱**：無所作為，被別人看不起。

· **酗酒賭博**：沒有理智，容易被別人或者環境擺布，對妻子缺乏溫存。

# 了解對方品行的藝術

　　戀愛中的男女，總是有意或無意地隱藏自己的缺點，將自己最好的一面獻給對方。那麼，妳要怎樣才能比較客觀地知道，對妳好得不能再好的另一半的真正品行呢？

◆ 去他家看一看他的生活方式和生活用品。他的家裡擺滿書還是掛滿球賽優勝獎狀？是否擺著與家人的合影？不經消毒妳敢用他的洗手間嗎？家裡凌亂不堪嗎？可能他一時沒空收拾房間，但如果他就是不愛

整潔，那他將很難改變惡習。妳必須做出決定，妳能與這樣的男人生活在一起嗎？妳能忍受長期生活在如此髒亂的環境中嗎？

◆ 觀察他結交的朋友。妳不可能喜歡他所有的朋友，但如果妳不喜歡他的大多數朋友，這就提醒妳他很可能不適合妳。男人的朋友圈最能反應他的品味。男人結交異性友人也不是壞事，這有助於他理解女性的弱點和生理特點，表明他能與異性交流。如果他只有女性朋友而沒有男性朋友妳就要當心了。這樣的男子極有可能時常受到其他男性的威脅，他需要在異性面前堅定自信心。

◆ 約會時帶上親友的孩子。他如嫌孩子麻煩，拒絕對孩子的親近，那他永遠不會成為好父親。如果他非但不討厭小孩，還樂於與小孩交談甚至伏身聽孩子說話，趴在地板上與小孩一起遊戲，這個男人無疑將成為一個好父親，妳值得與他發展關係。

◆ 看他的時間觀念。約他 8 點會面 9 點才到，說明他沒把妳放在心上。他覺得自己的時間比妳的時間更重要，這實際上是他缺乏對妳的尊重。

◆ 聽他說什麼。在自己女友面前充滿溫情地談自己的家庭，這種男人最能打動女士。他希望妳與他共享歡樂或分擔痛苦，這將是可靠的伴侶。只顧自己滔滔不絕，而不顧妳是否感興趣，這人比較自私。還有一類男人喜歡對別人品頭論足，看不起任何人，聽信傳言，甚至對別人的遭遇幸災樂禍。這種男人趁早離他遠點。

◆ 看他如何評價以前的女友。講前女友壞話的男人靠不住。既然曾經相愛，為什麼要詆毀其名譽，尊重自己以前的女友，才是大度的男人。

◆ 見見他母親。對母親不好的男人，妳最好別去親近他。男人對母親的態度就能說明他對女性的態度。尊重母親的男人，他同樣懂得愛自己

的妻子。但是，如果男人過分依戀母親，言聽計從，很可能有戀母情結，就會失去了男子漢氣概。

✦ 男人對金錢的態度往往表明他的權力慾。有的男人總是搶著付帳，這並不能證明他大方，反而表明他想控制女友；而吝嗇的男人、小氣的男人的情感方面，也注定斤斤計較。至於揮霍無度，經常透支，甚至負債纍纍的男一人，妳千萬不可與他交往。

✦ 看他對自己的工作是否滿意。男人對工作的態度就是對生活的態度。凡是在工作上稍不順心就跳槽的男人，幾乎可以預料有朝一日，當夫妻關係出現一點點挫折時他也會一走了之。

✦ 他是否精神健康。愛諷刺別人的男人總是借貶低別人抬高自己。這類男人缺乏細微的情感，心理不健康。還有些男人無緣無故發火，有時衝著電視節目喊叫，還可能對餐廳服務生無禮，他可能在精神方面潛藏著隱患。

# 莫以為自己能改變對方

當愛神丘比特的箭射中妳的時候，妳當然知道自己在期盼什麼，對嗎？按捺不住的喜悅，憧憬著美好的未來。然而，妳同時還有一頭的霧水，因為看過的浪漫愛情片已是天文數字，其中真正完美無憾，能有大團圓結局的並不多。那麼，我們要引妳步出迷津 —— 現實生活中真正成功的愛情，和那些纏綿悱惻的浪漫經典和天方夜譚完全是兩碼事。

在古今中外的文學名著長廊裡，愛情始終是人們謳歌的一個重要主題。這些文學作品傳遞給我們的其中一個重要的訊息是：愛情的力量是無與倫比的。孟姜女哭倒八百里長城，愛情的力量何其偉大！

## 第六章　愛情滋潤的幸福之花

事實真的是這樣的嗎？我們先來看一則故事。

一位新婚不久的女子，在黑夜裡獨自默默地流淚。女子是在一片反對聲中，義無反顧地委身於他的。他愛好賭博，喜歡打架。同時，他也愛她。

女子當然也愛著這個「浪子」。不過，她並不喜歡 —— 不，是厭惡 —— 他賭博與鬥毆的習氣。

「不過，這些都不要緊，我相信我可以改變他。」女孩不止一次地對自己，對朋友，對家人說。

愛情的力量是很神奇而又偉大的，能「直教人生死相許」，又還有什麼不能改變的呢？

然而，在她新婚後不久，他就開始了夜不歸宿。要麼是在通宵賭博，要麼是被抓進了派出所……

女子終於明白：愛情的力量並不是傳說中的無堅不摧；她在選擇「浪子」時，其實就是選擇了一份哀怨的心情。

對此，偉大的福音傳播者德懷特‧穆迪（Dwight Lyman Moody）曾經這樣寫道：

> 「一個女人希望透過婚姻能很好地改造一個男人，這個最自欺欺人的希望通常都是幻想，它毀壞了成千上萬的年輕女孩的美好生活。一個年輕的女孩希望能夠挽救一個無賴，而堅持要嫁給他，在每個社區都有幾百個這樣的例子。這種基礎不牢固的家庭最終會解體，並毀壞了一些無辜女孩的生活。我不明白為什麼人們都會這樣盲目。在所見到的幾百個這樣的結合中，沒有一個是產生了預期結果的，她們的結局除了悲傷就是災難。年輕的女孩子們，千萬不要認為妳們能夠完成嚴酷的父親、慈愛的母親和情投意合的姐妹都不能做到的事情。」

所有對愛情與婚姻充滿憧憬的女人們都要將德懷特的話記到心裡。

# 如何拒絕異性的求愛

如果愛妳的人正是妳所愛的人時，被愛是一種幸福。但是，假如愛妳的人並不是妳的意中人，妳就不會感覺被愛是一種幸福了。妳可能會產生反感甚至是痛苦，這份妳並不需要的愛事實上成了妳的精神負擔。

怎樣對愛妳的人說出妳不愛他，並在不傷害對方的情況下，讓他接受這個事實呢？

拒絕求愛的方法有多種，例如，可以用書信，可以口頭傳達，也可以委託別人。但不管用什麼樣的方法，一定要做到恰到好處。以下幾點建議，可供妳參考。

## ■ 直言相告，以免誤會

妳若已有意中人，又遇求愛者，那麼就直接明確地告訴對方，妳已有所愛之人，請他另選別人，而且一定要表明妳很愛自己的戀人。但此時切忌向求愛者炫耀自己戀人的優點、長處，以免傷害對方的自尊心。

## ■ 婉言謝絕，好言相告

倘若妳不喜歡求愛者，根本沒有與其建立愛情的基礎，可以在尊重對方的基礎上婉言謝絕。對於那些自尊心較強的男性，適合用委婉、間接的拒絕方式。因為有這類心理的人，往往是克服了極大的心理障礙，鼓足勇氣才表述出自己的感情的。一旦遇到斷然拒絕，很容易受傷害甚至痛不欲生，或者採取極端的手段以平衡自己的感情創傷。因此，拒絕他們的愛，態度一定要真誠，言語也要十分小心。妳可以告訴他妳的感受，讓他明白妳只把他當朋友、當同事或者當兄妹看待，妳希望你們的關係能保持在這一層面上，妳不願意傷害他，也不會對別人說出你們的祕密。

妳不妨說：「我覺得我們的性格差異太大，恐怕不適合。」

「你是個很好的男人，我很尊重你，我們能永遠當朋友嗎？」

如果他沒有直接示愛，只是用言行含蓄地暗示他們的感情，那麼妳也可以採取同樣的辦法，用暗含拒絕的語言，用適當的冷淡或疏遠來讓他明白妳的心思。

要記住，拒絕別人千萬不要直接攻擊對方的缺點或弱點。不能以一種「對方不如自己」的優越感來拒絕對方。尤其是一些條件優越的女人，更不能認為別人求愛是「癩蛤蟆想吃天鵝肉」，一推了之或不屑一顧，態度生硬，讓人難以接受。

## ■ 冷淡、果斷

如求愛者是那種道德敗壞或違法亂紀的人，妳的態度一定要果斷。拒絕時要語氣冷淡，對這類人也沒有必要斥責，只需寥寥數語表明態度即可；而且措辭要堅定，不使對方產生「尚有餘地」的想法。

對嫉妒心理極強的人，態度不必太委婉，可以明確地告訴他，妳不愛他，妳和他沒有可能，這樣可以防止他猜忌別人。如果妳另有所愛，最好不讓他知道，否則可能加劇他的妒恨心理，甚至被激怒而採取極端的報復行為。

另外，對方在妳回絕後，如果還一直纏住妳，那麼妳首先要仔細檢查一下自己的回絕態度是否明確和堅決，對方是否產生了誤解。

# 「一夜情」裡有多少情

用 google 搜尋「一夜情」，約有 6,770 萬項結果。人們觀念的開放，加之網路的快捷，為男人和女人們釋放「激情」提供了很好的機會。

一夜情就這樣在社會上蔓延開來。

一夜情是個引進的性遊戲，很多人都覺得好玩。在道德上，今人和古人一樣，提到性就閃爍其詞，讓明明白白的漢語在一些問題上變得模稜兩可──「一夜情」其實是一個典型的修辭陰謀。首先，它把中心詞偷梁換柱，以「情」代「性」；而後，又以一個量詞對離經叛道做了數量上的輕描淡寫；尤為陰險的是將時間概念「夜」置於閱讀與朗讀的中心位置，含蓄抒情的成分激發著潛在的浪漫想像。一個詞的能指和所指，經如此處理，品質膨化，意象朦朧。

人們為什麼要以情的藉口做一次偷偷摸摸的愛呢？因為有些情感需要蜻蜓點水的性儀式；有些情緒需要不再回首的性發洩；有些情懷需要快刀斬亂麻的性撫慰。

現今年輕男女對於情慾勇於實踐，樂於探索，甚至不惜冒險，可能令所有曾經歷過「性戒嚴」時代的人們都頗感震驚。然而，人們在情慾上是否已經有了偏差？

有一次在幾百個人的集體討論中，有一個女人直截了當地說，她覺得自己的性慾很強，有時會與剛認識的男人做一夜風流的事。而且她身上隨時都帶有一個保險套，期待著隨時可能發生的性愛事情。如果一個月過去了，保險套還是派不上用場，她就把它送給「有用」的好友，聊表「不虛度」之意。「被愛」在現代社會成為昂貴的「名牌商品」，為了獲取「被愛」的高級商品，令許多年輕人付出高額的肉體代價（包括性病及墮胎），他們努力揮灑著人類最大的情慾可能。

「一夜情」通常僅只一次，也可能是有限的兩三次，強調雙方均基於性慾求的特點，拒絕感情與責任，通常發生在並不熟悉的人之間，這樣他們可以免除很多不必要的麻煩。「一夜情」因此又被稱為「一夜性」或

「豔遇」，以顯示其沒有愛情介入的特性。追求「一夜情」的人也正是看重了這一點。主流社會對「一夜情」則持貶斥態度，甚至視之為流氓行為，同樣因為它的無愛特點。

顯然，只有識書斷字之人，才需要有一個文縐縐的酸說法。一「夜」障目，是倫理道德在修辭中所產生的負面影響。

「一夜情」看來不是一道敗壞胃口的菜，但為什麼好吃的東西吃了第一口又不想吃第二口呢？一夜的限度，在情的當口又曖昧地迷失了腳步，而情這東西，一旦進入便難以了斷。古人有「剪不斷，理還亂」之訓，今日也不乏「藕斷絲連」之事。

目前來說，「一夜情」還遠不是類似晨練的「全民健身」，能參與其中畢竟是少數 —— 首先妳得解決道德觀念問題；然後還得既有錢又有閒；另外還必須嫻熟地掌握把情和慾截然分開的技巧，弄不好就變成了情，而對方又沒有繼續交往下去的打算，反而受傷的是自己。

「一夜情」其實只是「一夜性」。要想從「性」發展到「情」，基本沒有多少可能 —— 他會對水性楊花的妳動真情嗎？妳會對動輒與女人上床的他動真情嗎？所有的甜言蜜語，其實都只是為了獲得一夜歡娛而已！

# 情人向左，朋友向右

如果妳愛上一個男人，又被對方愛著，但你們又注定無法在一起，那麼如果妳不想失去他，就要做他的朋友，而不要與他做情人。

原因是，一旦兩個人成了情人，便不再感到輕鬆透明。兩人之間有了種說不清的責任，便自然而然會跟對方提出許多要求，比如讓他陪妳去逛逛街。這種要求很平常，可當他由於怕被別人發現你們的情人關係而滿足

不了妳時，妳難免會傷心惆悵，從而陷入情緒的漩渦難以自拔。情人的角色因見不得天日而產生出一種不安全感，甚至在患得患失中失去自我。而失去自我的女人總會失去曾經奪目的魅力。

與男人做朋友卻是痛快淋漓的，妳是妳自己的，妳和他之間也許有一種情愫，但這種感情不會讓妳迷失自己。你們都有各自的生活，妳不會過多地要求對方，妳也不會為他晝夜難眠。妳會分享他的快樂、分擔他的痛苦，你們會在一起喝酒，邊喝邊聊而不會覺得累。

而且，當妳成為他的朋友，他會視妳為一筆財富。他在妳面前輕鬆自然，他在快樂與煩惱時會想到妳。他會欣賞妳的獨立、妳的思想，他會回味妳的笑容、妳的神韻，他會因妳的鼓勵而積極工作，他願意讓妳見到一個因為成功而光芒四射的男人。

情人之間太敏感，因為彼此距離太近而失去朦朧的美麗。情人的眼裡揉不下一粒沙子，一粒在顯微鏡下才能看到的沙子，也能將兩顆細膩的心磨損，而朋友卻意味著寬容，只要讓彼此感到愉快就可以了。

如果說情人讓男人感到煩心的話，他便會到朋友那裡去傾訴。情人是沉重的，朋友卻是輕鬆的；情人意味著眼淚，而朋友卻是頭頂的陽光。

## 當愛已成為往事

就像席慕容在〈送別〉裡所寫的「不是所有的夢都能實現」，不是所有的愛都會永恆。

曾經的愛是那麼刻骨銘心，因此當愛已成為往事，我們年輕的腳步又如何能夠做到從容而又決絕！但其實不妨細想：萬物都有生命，愛情亦難逃脫。所謂的海枯石爛只是遙不可及的承諾，能讓這份感情保持到彼此生

命的結束就不錯了。

　　每一個愛情都會累，這不是悲觀者的話，而是樂觀者的洞明事理。在《轉角＊遇到愛》中，大S走出曾經屬於自己的未婚夫的訂婚儀式時，心裡出現了這句話：「也許有一天，妳會明白，明白不是我失去了妳，而是妳失去了我。失去了美麗的我，溫柔的我，無可替代的、深愛妳的我。」

　　很多時候，女人總是覺得是自己失去了對方，以為失去了對方會如何。其實，更多的時候，是對方失去了自己，是他沒有福氣擁有妳。

　　人生最過癮的就是有很多的轉角，妳永遠不知道下一站等待妳的是什麼。

　　有一天，妳會在下一站遇到他。妳是否在一瞬間喜歡上一個人？在某時某刻或者在驀然回首的一瞬間，妳注視著他，妳喜歡他？

　　下一站，妳會遇到一瞬間愛上一個人。那時妳就會明白，世上沒有永遠的愛情保證班，考壞了還是可以捲土重來。

　　雖然分手不免傷痛，但分手也未嘗不是一種美麗。分手時，要捨得放手。放手，是對自己的信任。當妳相信自己無所恐懼、所向披靡的時候，妳將能放手一切！

　　然而，不少女人卻無法以一種自信灑脫的姿態放手，她們往往採取了如下不當的招數，試圖留住愛情的腳步，殊不知這樣做會造成相反的作用。

◆ 哭鬧：傷身傷心傷容顏，何苦來呢？耗費了自己的寶貴精力，到最後會在妳和他的朋友圈裡留下一個怨婦的形象。

◆ 濫情：妳花心，我也多情。妳亂搞，我濫交。不變成殘花敗柳誓不罷休。這樣妳是在傷害誰呢？無非是再一次傷害自己罷了。何必呢？用糟蹋自己的方法報復別人是最愚蠢的行為。沒人愛妳的時候，妳要學會好好地愛自己，珍惜自己！

◆ **暴力**：妳就算讓他從這個地球上消失，傷害就是造成了，不會隨肉體一同蒸發。

◆ **敗壞他的名聲**：就算妳對他有再多的怨恨，也不要使出這樣不堪的手段。絕口不提他的隱私、他的軟肋，是妳的人格高尚之處。

◆ **和他的新歡暴力 PK**：一聽到男友或丈夫與其他女人有染，當即殺氣騰騰和「狐狸精」上演武力 PK，這是不少女人下意識的一個反應。於是，仇敵相見，少不了罵無數不雅之詞，情緒高昂時免一頓雞飛狗跳，一片狼藉。找「狐狸精」也不是不可以，但應該曉之以情、動之以理。謾罵與毆打不是在解決問題，而是在製造新的問題。

「春日遊，杏花吹滿頭。陌上誰家少年，足風流？妾擬將身嫁與，一生休。縱被無情棄，不能羞。」韋莊的這首詞一直讓人心動不已，每每讀起，一千多年前那個殉身無悔、敢作敢為的女性就鮮活可見。女人能夠這樣豪邁灑脫就卸掉了脖子上的沉重枷鎖，活得瀟瀟灑灑，活得海闊天空。

流行歌曲唱道：「別管以後將如何結束，至少我們曾經相聚過。不必費心地彼此約束，更不需要言語的承諾。」做到這麼瀟灑固然不易，卻也實在不必悲悲戚戚或者咬牙切齒。

當愛遠走，無論它是發生在自己或者對方身上，放棄和放手都是唯一的出路。因為無法放棄曾經有過的美好感覺，無法放下曾經擁有的執著，就會讓更多不美好的感覺壓在自己的肩上、心上；讓自己和對方一起在痛苦中煎熬，何況能否懲罰對方還是一個未知數，但是自己絕對是被懲罰最深的一個，因為妳剝奪了自己重新開始享受快樂和幸福的可能。

捨得放手讓已無愛的人遠走，很多時候並不是一件很難的事，只不過是周圍的輿論環境、財產的劃分等可能拴住了妳。但是，這卻是唯一的方法。否則，我們就會處在無解的痛苦、氣憤和沮喪之中。

## 第六章 愛情滋潤的幸福之花

有人說愛的反面其實不是恨，而是淡漠。這是一句真理。愛一個人的時候，情感都是激越的。他關心妳，妳便想以十倍百倍的愛去關心他；他擁抱妳，妳便想以更多更有力的擁抱去回應他；哪怕是他犯了什麼錯，有了什麼失誤。讓妳對他恨得咬牙切齒時，妳會想用盡全力去揍他、掐他、打他；但反正無論如何，都絕不是無動於衷地不理他。

除非是愛到心灰意冷，愛到徹底絕望，心中已經不再有燦爛的火花，甚至連那些燃燒過後的草木灰也沒有了一點溫度。這種時候，想不淡漠都難。從此對妳形同陌路，對妳的一切也不再有任何的回應。沒有餘恨，沒有深情，更沒有心思和力氣再做哪怕多一點的糾纏，所有剩下的，都只是無謂。有一天當發現對於過去的一切妳都不再在乎，它們對妳都變得無所謂的時候，這段愛也就消失了。

所以，妳要知道，恨他，是因為愛他；淡漠他，是因為不想再記起他。

別讓同一個男人兩次傷害妳的機會。別相信床上的誓言。別看重處女，但保持純潔。

別撕照片、燒信、撕日記這樣一類三流愛情電視劇中才有人做的事。

永遠不要去做那種午夜背著行李，從一個男朋友家流落到另一個男朋友家的女人。

愛物質，適當地。永遠知道精神更重要。比那些名錶、名牌、時裝更加美麗的是妳自己。

相信愛情。相信好男人還存在，還未婚，還在茫茫人海中尋覓妳。

# 失戀萬歲的 9 個理由

有一則這樣的小故事：一個失戀的人在公園裡哭泣，遇到了一個哲學家，聽了她的遭遇之後，哲學家哈哈大笑，說：「妳真笨！」

失戀的人聽了很生氣地說：「我都已經這麼難過了，妳還罵我。」哲學家回答：「傻瓜，該痛苦的人是他，因為妳不過失去了一個不愛妳的人，而他卻失去了一個愛他的人。」

如果妳認為哲學家的話很阿 Q，那麼不妨看看下面的 9 個理由是否有道理──

失戀萬歲的 9 個理由：

舊的不去新的不來，不把舊的換了，怎麼展望新時代呢？

對方對妳不好，正是給妳機會離開他，這對自己好，人貴在自愛。

對方不要妳了，怎麼可以自己不要自己，迷失自我？

妳們因為客觀原因不能在一起，當然是早斷早好。不必痛苦地勉強在一起，難道還不值得妳慶幸嗎？

兩人日久不生情了，開始的感情用完了，那就是時候去換一個感情帳了。銷戶是有點麻煩，可是，難道妳喜歡帳面永遠為零也不改變？

人生百味，酸甜苦辣都要嘗遍。失戀只是其中一味，再苦有黃連苦嗎？人到了一定年齡，風花雪月就自動免疫，趁著還有感覺為什麼不體驗一下悲悲戚戚？

失戀的次數多了，就會對戀愛免疫。變傷心為上進心，昂頭挺胸。永遠想著「我這麼出色的人，不要我是你最大的損失」，有利於提升自信。

還有一部分失戀的人會檢討不足，總結經驗教訓為一下次展開行動前提升自己。

# 第六章　愛情滋潤的幸福之花

　　不是所有的女性在戀愛的時候都能遇到自己心儀的人。如果是和不了解自己、不懂得珍惜自己的人分手，難道不是件幸事嗎？

　　在酒吧裡、大街上，痛徹心扉的無數痴男怨女，他（她）們一定沒有聽過藜蒿的故事。

　　在鄱陽湖中，有一種野生植物，名叫藜蒿。它漂滿了水面，農民用釘耙和鐮刀在水面上收割，一堆一堆地裝，然後拉回家剁成豬食。它被視若草芥，胡亂被裝在汽車上，掉了一路也沒人管。

　　在南昌，有一道不能不提的特色菜，名叫藜蒿炒臘肉。這道菜出奇地鮮香美味，在所有蔬菜與臘肉的組合中，藜蒿達到了最高境界。這道菜在南昌很多路邊攤有得吃，在星級賓館的菜譜上也常常見到。這些藜蒿產自鄱陽湖。所以江湖上流傳著一句話，叫做 —— 鄱陽湖的草，南昌人的寶。

　　一個人眼裡的草，在另一個人眼裡，可能就是寶。當他後悔的時候，已經不能回頭了。他要為之付出代價。

　　悔恨的人是錯看藜蒿的人。每根藜蒿都有機會，男男女女，不論眼前人或曾經有人如何有眼無珠，但總會遇上一個真正善待自己、把自己當寶貝的人。離開傷心地，到別處尋找真正重視妳的人，這個世界總有人和妳能對上口味。

　　沒有經歷慘痛的失戀，就不會知道愛情的甜美。因為幸福的狀態是對照出來的，妳不明白錐心的痛苦，就不會知道愛情的歡快愉悅，如果妳從未曾與一個人分離，又怎麼會明白朝朝暮暮相守的可貴？而曾經走過的戀愛，會一直留在妳的生命當中，不管它有多荒謬、多悲慘、多坎坷或是多無趣。而事實上，越是錯得離譜、錯得莫名其妙的感情對於下一個回合的戀愛，越會是豐饒富裕的養分。也就是說，從每一段的愛情裡面，妳都一

定能獲得、學習到些什麼。這對妳未來重新經營一段新的戀情，會有更多的幫助，也會離一段美好的感情更近。

不可否認，失戀打擊了自我的價值和信心，這種失落和否定感，肯定讓人不愉快，所以要看妳如何去處理這種情緒。人生中最大的挑戰不在追求成功，而在如何面對挫折與失敗。失戀就是人生中所會遭遇的挫折之一，面對這樣的挫折是很正常的事，無須自怨自艾，重要的是培養處理失戀的能力。

美女歌星梁詠琪說得好：「讓感情先休息一下，過回一段理性的生活。」這時她在失戀後，對記者說的話。她一度為失戀而號啕大哭，在演繹〈給自己的情歌〉這個 MV 時，更是觸景生情哭的渾身顫慄直至嘔吐不止。然而，在那年的冬季過後，她終於開始變得堅強而又成熟。

# 寫給「奔三」女人的話

女人將近三十歲，多多少少談過戀愛，對於愛情，早已喪失了當初美麗的幻想，雖然依舊相信世上有浪漫忠貞的愛情，但是對於自己是否有運氣遇上，則極不樂觀。

大於三十歲的優秀男人，如果沒有娶老婆也沒有女朋友，他一定是有雙睿智的眼看女人，不再只看她們的外表，而更多地會觀察她們的品性。而「奔三」的女人，經歷了社會的磨煉，有了女人味，懂得人情世故，懂得適可而止。優秀的男人，更會注重女人這些秉性的東西。

不要把結婚當做唯一的目標。要知道，生活中有更多更有意義的事情可以去做，鎖住婚姻，未必就能快樂。退一步海闊天空，或許就在妳不斷努力，不斷向前的過程中，獲得了更大的快樂與滿足。懂得了這個道理，

也就能更好地享受生活。請告訴自己，我來到世間是來享受的。享受自己的努力，享受生活中的美好。

　　如果遇到男人還是有感覺，那就依然跟著感覺走吧，前提是這個男子要未婚。這需要妳多年的閱歷和聰明的腦袋來分析了，跟著感覺走，即使結果依舊是分手，但當初的美好卻是讓人感到愉悅的。如果跟著感覺走，有了一個美麗的婚姻結局，那不更加好嗎？所以，那句老話，跟著感覺走吧，不要看扁自己的魅力！

　　有能力，經濟允許的話，請去美容院和健身房，保持美麗和精力不僅僅是吸引異性的需要，更是自己有充沛體力工作的需要。所以，請永遠保持自己的活力和青春，不只是外表，更重要的是精神！

　　即使馬上跑到30，也不要恐慌。要知道，女人吸引人之處不僅僅在於吹彈可破的皮膚，更重要的是思想內涵。所以，請讓自己更有內涵一點，氣質即使歷經歲月也無法掩蓋。親愛的「奔三」美女們，不要害怕，只要妳們有氣質、有追求，就不怕前面沒有優秀的男人在等著妳。

第七章

一門長相廝守的學問

　　為什麼所有美麗的愛情童話一到王子與公主結婚就戛然止筆，用一句輕飄飄的「王子和公主從此過上幸福的生活」作為例行的結尾？

　　在童話中長大的妳，也許沒有想過，王子和公主所謂的幸福生活，更多的是白開水式的日子，伴隨偶爾的爭吵。相愛容易，一見鍾情都可能；相守卻難，一生廝守更不易。相對於衣來伸手、飯來張口的王子與公主來說，凡人的婚後生活更加瑣碎，矛盾也更為廣泛，他甚至可能會因為清晨誰先用盥洗室，晚餐由誰來做這樣的小事而與妳爭執不休，妳也被他的不解風情氣得大發雷霆。

# 婚姻有三重境界

　　在網路上讀到一篇很有見地的文章，題為〈婚姻有三重境界〉，哪三重境界呢？

　　第一重境界：和一個自己所愛的人結婚。第二重境界：和一個自己所愛的人及他（她）的習慣結婚。第三重境界：和一個自己所愛的人及他（她）的習慣，還有他（她）的背景結婚。

　　作者認為：處在第一重境界的夫妻，婚姻相對穩固；處在第二重境界的夫妻，婚姻比較穩固；處在第三重境界的夫妻，很少見到有離婚的。

　　在文章中，作者這樣寫道一

　　在這個世界上，那些白頭偕老的人一生基本上都結三次婚。

　　第一次是在飯店裡，在親朋好友的恭喜和祝福中，與一個自己所愛的人結婚。

　　第二次是在家裡，兩人經過幾年磨合，互與對方的習慣結婚。

　　第三次是在家族裡，與對方的各類親情結婚。

第二次和第三次結婚與第一次相比，有很大的不同。沒有隆重的婚禮，也沒有親友前來祝賀，唯一在場的是雙方的默契。

真正的婚姻往往都是發生在最後的兩次。

現在好多人結婚兩三年就離婚了，如果仔細地分析一下，就會發現：原因就是沒把自己的婚姻從第一境界推入到第二境界。

有人說：愛一個人就應該也愛上他（她）的缺點。這話聽上去很美，但事實上很難做到，同時也並不值得提倡。缺點很少有可愛的，如果可愛，就不是缺點而是優點了。我的老公的優點很多，但也有一些缺點，如喜歡亂丟東西，如家裡的臭襪子經常東一隻西一隻的。坦白地說，要我去愛上他這個缺點，我做不到，但我能努力去接受。因為我知道人無完人，我本身也有不少缺點。我在戀愛的時候就知道了他大多數的缺點，但我覺得他的缺點在我的容忍範圍之內，我可以接受而不需要去忍受。而結婚之後，我又發現了他的一些新缺點，怎麼辦？適度的說一說加必要的接受。

〈婚姻有三重境界〉作者用很形象的語言這樣寫道——

沸騰的水能殺死細菌。熱戀和沸水一樣，也能殺滅當事人身上的缺點和不足。那些熱戀中完美無缺的白馬王子和小鳥依人的女孩，進入婚姻這杯不溫不火的水之後，缺點和不足就會像細菌一樣重新回來。

這時妳必須跨入婚姻的第二境界，和他（她）的習慣結婚，接納和包容他（她）的缺點和不足。否則，婚姻就會因根系過淺而萎縮。

那些本來是非常恩愛的一對，幾年後莫名其妙地離婚了。十之八九是拒絕進入第二境界的結果。

等婚姻進入了第二境界之後，夫妻關係會比較溫馨。然而，婚姻的溫馨並不能代表婚姻的穩固。穩固的婚姻還需要第三次昇華，那就是與對方的各類親情結婚。也就是說，把妳對他（她）一人的愛擴展到他（她）的

父母和親友。

在現實生活中，由於不能協調好婆媳關係，使得夫妻和睦的家庭平添煩惱，甚至毀掉兩個人辛辛苦苦壘起的愛巢，這樣的例子屢見不鮮。

婆媳關係這個話題既是老生常談，卻又經久不息。都說清官難斷家務事，各家有各家難念的經。說到底，婆媳之間最大的矛盾，其實就是兩個女人對一個男人糾纏不清的愛。婆婆愛兒子，這是天經地義的母愛；媳婦愛老公，這也是理所應該的夫妻之愛。都是愛，可是愛的方法卻不可能相同。婆婆挑剔媳婦，是因為擔心媳婦給兒子的愛不夠完美；媳婦厭煩婆婆，是因為苦惱婆婆給老公的愛太過細密。於是因愛而產生的矛盾，久而久之就細節化、具體化得無法解釋了。

作為人媳，說是應該待婆婆如母親，這話說起來容易，做起來可就不那麼容易了。如果媳婦真的對待婆婆像對待自己的母親一樣，那恐怕新的家庭矛盾就又要產生了。所以，婆媳之間還是保持一定的距離感比較好。

那麼，作為媳婦，在婆媳關係上，如何保持距離卻又不使自己因為緊張而感到無法承受呢？如果妳還在困惑當中，不妨來看看下面給妳的這些和婆婆相處融洽的小祕方，使用好冷和熱的兩種方法，婆媳關係也不是百攻不破的堅冰。。

冷，就是對婆婆的私生活要採取冷眼旁觀、冷靜思考的態度。首先，我們不要對婆婆已經習慣的生活進行干涉。例如，我們不要因為婆婆自己大手大腳花錢卻不給我們一個銅板而叫屈，那是人家自己的錢，是人家老公賺的錢，人家愛怎麼花就怎麼花，跟我們沒關係。我們不要因為婆婆自己四處風光卻不幫水深火熱之中的我們一點忙而埋怨，那是人家多少年的勞累換來的一點點晚年時光，人家愛怎麼玩都是生活對她的補償，我們眼紅什麼？我們不要因為婆婆沒完沒了地對自己老公提出各種要求，而一點

沒把我們小家庭還有自己的私生活放在眼裡而不滿，。我們不要因為婆婆上門來就對自己千挑剔萬挑剔而鬱悶不開心，那是人家當長輩的嘴，如果每當我們遇到跟婆婆有矛盾的時候，先冷下來，想想上面幾條的話，那麼這個矛盾應該也解決了一半吧。

熱，就是對婆婆的關係要像夏天一般炎熱，要把這份熱情、這份熱心直截了當地傳遞到婆婆的心裡去，而不要讓她在傳輸的過程中先降低了溫度。例如，遇到婆婆生病了，哪怕只是老毛病，也要先噓寒問暖，對症下藥。遇到婆婆生日，家裡有喜事了，先幫婆婆準備一套稱心的行頭，再說恭賀道喜的話，把喜慶的氣氛推向更讓人貼心的境界。遇到婆婆跟公公吵架了，先站在婆婆一邊，把婆婆的心情都徹底理解，再在適合的機會分析老兩口之間的是非功過。遇到婆婆關心老公或者孫子，先把關心的對象雙手捧上婆婆的面前，再虛心接受婆婆的教誨，在心裡取其精華棄其糟粕。

處理婆媳關係如此兩手準備，一手冷一手熱，兩手都要溫度適中，就能熨平婆媳關係的溝溝壑壑。

一旦妳將老公家人都一一安撫好了了。妳們夫妻的婚姻就進入了最高境界，這時就是想分開都很難。最後，〈婚姻有三重境界〉作者這樣語重心長地寫下了引人深思的結束語──

在愛情的世界裡，許多男人往往誤解婚姻就是娶一個女人，
而忽略了還要娶過來女人自身的追求，以及女人身後的背景。

許多女人誤解婚姻就是嫁一個男人，而不知道還要嫁給這個男人的習慣和性格，以及這個男人背後的家族。這種認知上的錯誤，讓我們在這個世界上，看到了不少破碎的婚姻。

# 耳塞目盲中的幸福

　　戀愛四年後結婚，婚禮當天早上，露絲在樓上做最後的準備，母親走上樓來，把一樣東西慎重地放到露絲手裡，然後看著露絲，用從未有過的認真對露絲說：

　　「我現在要給妳一個妳今後一定用得著的忠告，這就是妳必須記住，每一段美好的婚姻裡，都有些話語值得充耳不聞。」母親在露絲的手心放下的是一對軟膠質耳塞。

　　正沉浸在一片美好祝福聲中的露絲十分困惑，更不明白在這個時候，母親塞一對耳塞到她手裡究竟是什麼意思。但沒過多久，她與丈夫第一次發生爭執時便一下明白了母親的苦心。

　　「她的用意很簡單，她是用她一生的經歷與經驗告訴我，人在生氣或衝動的時候，難免會說出一些未經考慮的話；而此時，最佳的應對之道就是充耳不聞，權當沒有聽到，而不要同樣憤然回嘴反擊。」露絲心裡想。

　　但對露絲而言，這句話產生的影響絕非僅限於婚姻。作為妻子，在家裡她用這個方法化解丈夫尖銳的指責，修護自己的愛情生活。作為職員，在公司她用這個方法淡化同事過激的抱怨，優化自己的工作環境。她告誡自己，憤怒、怨憎、忌妒與自虐都是無意義的，它只會掏空一個人的美麗，尤其是一個女人的美麗。每一個人都有可能在某個時候會說一些傷人或未經考慮的話，此時，最佳的應對之道就是暫時關閉自己的耳朵。

　　「妳說什麼？我聽不到哦……」露絲憑這一句話，在愛情與事業中獲得了雙豐收。

　　如果把婚姻生活中的愛情比作一筆存款，那麼相互欣賞是收入，相互摩擦是支出，而相互忍讓則是節約。在生活中，妳不僅要「耳塞」，還要

「目盲」。當然，「目盲」不是真盲，而是指「睜一隻眼閉一隻眼」。

「睜一隻眼，閉一隻眼」不是麻木地忍讓，而是在愛情最脆弱的時候知道「退一步海闊天空」的睿智；也不是不負責任的破罐子破摔，它實在是彼此諒解和寬容的更高層次的愛。身邊有太多鬥了一輩子可仍然還得待在一個屋簷下的男男女女，在兩個人的世界裡，誰贏得了誰，都是個輸。與其糾纏不清，不如難得糊塗，妳快樂所以我快樂。

有人說：「戀愛時要睜大雙眼找對方的毛病，結婚後則要睜一隻眼，閉一隻眼。」「人無完人，金無足赤」，當妳在選擇另一半時，妳是選擇了他的全部，好的和不足的都是妳要的，也都是妳要慢慢接受和面對的。

一回家推開門，看見屋子裡的場景，妳不由得火冒三丈：早晨出門才擦過的光潔的地板上灑滿了零食的碎渣，撒落了一地；一雙襪子的一隻倒立在地板中央，另一隻居然躺在茶几上；桌子上擺滿各種食品的空包裝袋，髒碗筷；小貓咪咪公然在妳走時才洗過晾在熨衣板上的羊絨衫上，大搖大擺地行走。

而妳的老公和兒子卻視而不見，正在那裡興致勃勃地玩飛鏢，雪白的牆壁已被戳得千瘡百孔。妳氣得快暈過去了，對他們大聲吼叫：你們通通過來幫我收拾！我絕不允許看見這麼髒亂不堪的家！

妳憤憤地放下手中的東西，開始挽起袖子，打掃這兩個男人製造的一片狼藉的戰場。他過來阻止妳，「出門這麼久，坐下休息不好嗎？等等我來收拾。妳真像隻勤勞的小蜜蜂，總是把自己搞得這麼累。不就是家裡亂了一些嘛，只要我們覺得住著舒服自在就行了，不用發這麼大的脾氣啦，妳是不是有潔癖！」

「愛乾淨有什麼不好？誰像你，真不知道當時我怎麼就嫁給你這種人！」妳瞪眼，更加氣勢洶洶地朝老公吼。

## 第七章　一門長相廝守的學問

　　這是在很多家庭常常上演的場景吧。女人們因為老公的懶惰，因為他在被妳收拾得整潔的家裡搞破壞而爭吵不休。結果呢，老公還是那個老公，妳還是妳。一個要隨心所欲、沒有束縛的家，一個要房間裡什麼時候都必須保持一塵不染、井井有條的家，誰都沒法改變誰的生活習慣。反倒是，這樣的爭吵讓妳們愛的奏鳴曲裡漸漸多了不和諧的音符，對對方也變得愈加挑剔起來。

　　其實，為什麼不閉一隻眼呢？假裝看不見他身上在妳看來的種種惡習，假裝看不見家裡的髒和亂。即使是兒子和老公玩打仗時，把房間搞得像剛被闖空門，妳也好脾氣地說：「玩吧，沒事。」

　　每天晚飯後，牽著另一半和孩子的手下樓去散步。而此時，家裡的洗碗池裡正堆著碗，電腦旁有他亂扔下的髒衣服。這又有什麼呢？只要妳閉了眼，假裝看不見，一切就變簡單了。幸福快樂的日子，就不會遠離妳。

　　婚後的小蘭，三不五時就往朋友那裡跑，訴說著自己的委屈，數落著男人的不是：「他啊，真讓我傷透了心！我辛辛苦苦替他摺好衣服，他一拉就全散開了。說他，他不聽，再說他，他就急，說在家裡那麼整潔幹嘛？再急了，還會對我吼。看他那凶相，我真懷疑我們以前的愛情！」小蘭的淚一顆接一顆滑落，朋友只能一邊安慰一邊解勸：「拜託妳了，講點新鮮的好不好？都結婚了還吵得跟孩子一樣，就為那點小事，不要放在心上啦。」「不，這不是小事，這代表他對我不尊重。我要修理他。」小蘭咬牙切齒。

　　有一天，她們決定去拜訪另一位好朋友小欣，想看看這個幸福女人究竟是怎樣的安閒。走進小欣的家，發現婚後的她更加沉靜了，溫暖地笑著，一副乖巧的小婦人模樣。小蘭大呼：「還是小欣長眼睛，找了一個疼她的丈夫！」「怎麼？妳老公不疼妳嗎？」一句話勾起了小蘭的「傷心

事」，她又喋喋不休地數落起了丈夫的不是。

聽她說完，小欣笑了，說：「男人都是這樣的，妳真是小題大做了。和妳老公相比，我老公只怕有過之而無不及呢。」

原來，婚後的小欣發現丈夫真是邋遢，一雙襪子從來都是扔到兩個地方，總是她跟在後面撿，更別提讓他收拾屋子了。

「那妳是怎麼過的？」小蘭一臉疑惑，因為小欣是她們當中最愛整潔的人。

小欣微微一笑，說：「睜隻眼閉隻眼，想做就幫他收拾一下，累了就由他去吧，為什麼要硬要改變他？為什麼不能容忍他？」

小欣那樣子，簡直就像一位哲學家。小蘭恍然大悟：原來，幸福的女人只睜一隻眼。

## 每天給愛 10 分鐘

婚姻是世間「老化」最快的一種關係。婚後，剛剛成為新郎、新娘的男人、女人，一夕過後就成了「老公」、「老婆」。實際上，婚姻之老，在於愛情之衰。

每天給愛 10 分鐘，在這短暫的時間最適合夫妻干的事莫過於交談了。某位學者在所著一書中，為那些意見常常不一致的夫妻設計了一份交流契約，要求他們以積極的態度來表達生氣和煩惱；在觀點不同時，不誇張事實，不進行人身攻擊；盡力控制情感的爆發和激烈的爭吵；在爭論中永遠不要互相躲避；在對方說話時，盡量不要打斷對方；當對方正在說話時，要仔細、用心地聽；不要以一個人過去的失敗來衡量、刺激對方。

每天給愛 10 分鐘，對有的夫妻竟是那樣艱難。一位已婚 10 年的妻子

## 第七章　一門長相廝守的學問

至今與丈夫從沒有認真地、面對面地進行過一次交談。儘管目前的生活很富裕，她卻常常從內心湧起莫名的苦惱。「我渴望能經常依偎在他懷裡，向他說些什麼或者聽他說些什麼，但他從來不給我機會。我感到心中的鬱悶越積越重，很難保證哪一天不爆發出來。」

夫妻交流不能正常進行的原因大致有三：丈夫把妻子的訴說一味地當成嘮叨而對它一概避而遠之；一方沒有注意到另一方的情感需要；沒有創造出可供交談的良好氣氛。關於後者，一些頗有經驗的婚姻專家提示說，營造夫妻間的良好氣氛是可以做到的。首先，當雙方在外一天回到家時，應盡可能有肢體接觸——擁抱、牽手、撫摸，使丈夫有被愛的感覺；其次，偶爾設計一個令人驚喜或是跟平常不同的故事；第三，使自己看起來很吸引人，使家裡整潔舒適；第四，在這段時間裡，不要讓丈夫覺得妳對其他事比對他更有興趣。

每天給愛 10 分鐘，妳會驚喜地發現，交談原來有如此之大的神奇力量，它可以使有缺陷的婚姻漸趨完美，使本來美好的婚姻變得更加如意，更加幸福。

有不同的看法沒關係，夫妻之間如果能夠很好地溝通，就能互相適應。我們經常見到的夫妻關係基本感情是好的，但是有時在相互溝通和交流上也會有些問題，影響了彼此的關係。

最常見的夫妻溝通困難的原因在於，彼此都認為不用說太多的話對方應該明白。其實越是自己人越需要常交談，表明意思，分享感受。

許多夫妻之所以形同水火或走向離異，主要是因為平時懸而未決的小矛盾長期累積的結果。為什麼會發生矛盾累積？原因不外乎缺乏面對面的交流和溝通。溝通是上帝贈予人類的美妙禮物，它能瓦解心與心之間的壁壘，讓心不再孤單與寒冷。

# 聰明女人的「馭夫術」

有一個年輕人，他走在前面，後面用繩子牽著一隻羊。有人開玩笑說：「這隻羊之所以跟著你跑，全憑一條繩索縛了牠，而不是你真心喜歡牠，也不是牠真心想跟隨著你！」

年輕人一聽這話，立即放開了拴羊的繩扣，丟開羊就自管自向前走去，並且一下左一下右。那羊呢，雖沒有繩子拴著，卻一步不離地跟著年輕人忽左忽右地跑，一點沒有離開年輕人的意思。

開玩笑的人不禁奇怪地問：「年輕人，這是為什麼？」

「因為我供給牠肥美的水草，並且精心照料牠。」年輕人停止表演站在原地說。

這個人沉思起來。

年輕人又說：「聰明的朋友啊！我有一句良言相告，拴住羊的不是那根麻繩，而是你對羊的呵護與憐愛。」

女人，妳拴住男人、駕馭男人的，不是麻繩，也不是眼淚，甚至孩子都不是。妳要用發自內心的愛去引導他。

## ■ 用妳的深情打動對方

（注意：此術只適用於對家庭尚有責任心，對妻子尚有愛心的丈夫）

有一個女士對於怎樣和丈夫相處自有一番經驗。那是結婚不久，她的丈夫迷上了麻將，每天下班後一玩就是半夜。她是又氣憤又委屈，但委屈歸委屈，她隻字不提他晚歸的事。此後幾天，她每天晚上都做好他最喜歡吃的飯菜等他歸來，不等吃完，她又將熱熱的洗臉水端過來，搞得他好像是凱旋的將軍一樣。如此幾天後，他下班便按時回家了，她則故作隨意地

問：「這幾天公司不加班了？」他心照不宣地說：「一想到妳情深意切坐在桌邊等我的身影，再重要的班也不加了。」她竊笑，此術真靈。之後，每到節假日，她便主動約幾個親朋好友，陪丈夫玩幾圈，這樣既可以娛樂，又不致使丈夫染上賭博的惡習。

## ■ 以女性的溫柔來感化對方

（注意：「柔」也要有個限度，絕不是一味的遷就、忍讓）

大男人大都是吃軟不吃硬。有一位女士的丈夫性格急躁，脾氣一上來，那可真如電閃雷鳴。但是此時她絕不和他正面衝突。這種時候，她通常都是冷眼旁觀，有時候也會委屈得掉幾滴眼淚，以喚醒他的良心。等他冷靜下來，她再就事論事、有理有據地分析給他聽。這樣做的結果，往往是雙方意見統一，皆大歡喜。

## ■ 真誠熱情地對待丈夫的家人朋友

（注意：捨得為丈夫的家人朋友做感情投資的妻子，才是世界上最聰明的妻子）

有一個女士結婚後的第二年，得知丈夫的弟弟要結婚。她毫不猶豫地將本打算買件皮衣的一萬元年終獎金寄過去。事後，丈夫非常感動，也學她不時地寄錢寄物給她父母。男人大都愛面子，只要當眾做足了面子給他，他都會心懷感激。有一次，她丈夫帶著一群難得湊在一起的國中同學。碰巧那幾天到了月底，「財政」告急，但她連忙出去向鄰居借錢買了酒菜，又傾盡家中所有招待他的客人。客人們喝酒猜拳，聊天行令狂歡了大半夜，那群同學臨走時直誇她賢惠，她倒沒感覺什麼，一邊的丈夫卻咧著大嘴樂了好幾天。

## ■ 妻子要善於變換自己的角色

（注意：是母親、妻子也好，是情人、女兒也好，此舉要依情境而定，不可太過，否則就有矯揉造作之嫌）

每天都是一樣的生活，每天對著一樣的牆壁，一樣的房間，做著同樣的工作。由此我們可以知道一個問題，就是已婚男女找情人，多半是因為難以忍受白開水式的感情模式與生活方式。人類對於激情孜孜不倦地熱烈追求，有點像貓──貓看到一個滾動的乒乓球會不厭其煩地追逐好久，而在牠面前擺上塊四平八穩幾十年如一日的方磚，牠是理都懶得理！引用一句一部電視劇裡的名言──愛情是把銅茶壺，常擦才能常新。在生活中常常用一些方法使家庭生活變得有新意，這樣的日子可以讓人感覺新鮮。做妻子的要經常地變換自己的角色，以母親、妻子、情人、女兒的身分交替出現在他面前，或不留情面地批評，或知冷知熱地呵護，或溫柔體貼地撫慰，或天真純情地撒嬌。如此，丈夫便覺得妳是個很有情調、富有魅力的女人。

當然，「馭夫術」還有很多，那就要看聰明的女人自己如何挖掘了。

所謂「馭夫術」不是想方設法把丈夫控制住，而是傾注無限愛心，給予最大信任，盡一切努力使他成為一個自由的、有愛心和責任感的丈夫。如果用公式表示一個完整的「馭夫術」，那就是「幸福婚姻＝愛情＋信任＋自由＋控制」。

# 幸福生活需要「性福」

性心理學家說:「沒有一對肉體上和諧的夫妻,為了這些原因(瑣事)會就此分手的,當那性生活很完美的時候,夫妻可以對太陽之下的各個事物有各種不同的意見,絕不會鬧脾氣,不會有憤怒的神色以及分離的願望;他們只有欣賞各人的差異。反過來說,他們對於別的事情,可以有 99% 完全和諧,如其性行為不能和諧,那麼別的事情的一切和諧都不中用了,他們的感情日見分裂,到了僅為外來的動機相互容忍的地步。換句話說,他們渴望著分離了。」

在現實生活中,不少夫妻衝突激烈,感情「走私」乃至鬧離婚,或多或少都與性生活有關。相當一部分夫妻並非有什麼深仇大恨,或志趣、追求不一致,而是性生活的不和諧。夫妻之間只有在同時體會到強烈的愛的活力與性的活力時,才是最幸福的。性愛不單在肉體上,也從情感方面獲得極大的滿足。

有一組數據表明,60% 的女人提出離婚都是因為性。如果 20 年前聽這話,大家一家會覺得是危言聳聽。可是在今天,人們卻能夠深刻地體會這組數據後面的悲哀與無助。

米蘭・昆德拉(Milan Kundera)說,「性愛不只是肉體的欲望,從另外一個層次來看,它也是來自於人本能的欲望,它是我們所擁有的依戀。」性是愛完全地、徹底地交流,是靈魂與肉體的結合。近代性學研究者發現:性愛是優秀的鎮靜劑。研究者認為,性生活越完美、越興奮,過後則越容易入睡。在對「情緒與免疫功能」的研究中也發現:正常的性生活能解除緊張心理,產生積極的情緒 —— 樂趣和滿足。此時,人體會釋放一種叫腦內啡的物質,它是一種天然的鎮靜、鎮痛劑,能為整個神經系

統創造輕鬆、無慮的內環境，從而提高免疫系統的功能，使抗病能力得到提高。

性愛不只是床上發生的事情，也不只是位置的變換、高潮的體驗和夫妻之間的施與受。只有在夫婦互相信任、分享感情、表達情愛、彼此討論性愛的意義的時候，才可能獲得美滿的性生活。

一位專家在調查了 2.6 萬名婦女和男人後，發現快樂的性生活中有一個最重要的因素，那就是溝通思想。夫婦只有溝通，彼此了解，才能有美滿的性生活。

有些夫婦很幸運，他們很容易溝通，但是大多數人卻沒有這種幸運。離婚和性問題的統計數字都是證據。有一項研究報告指出，有嚴重性問題的夫婦占所有夫婦的一半。另一項調查結果顯示，1/4 的男人和 1/3 的婦女常常感覺不到性功能不良的問題。

有性問題的夫婦幾乎都有溝通的困難。其中半數說他們「很少」或「從未」談論過性問題。理由是：不好意思，難以啟齒，或可能引起爭吵。這些夫婦的心裡都感到相當的恐懼。40% 有性問題的婦女說，她們不敢談性問題是怕傷害丈夫的感情。有許多婦女認為，男人的自尊心與性能力息息相關，一切意見都可能被他認為是對他的性能力的批評。華人社會因傳統觀念的影響，不敢或不肯把自己的性問題提出來和丈夫討論的妻子為數眾多。但事實上，能提出問題和丈夫討論而使性生活滿意的婦女，確實能使夫妻關係美滿。

當然，在床上溝通意見不是件容易的事。最困難的一點是，討論常常會變質 —— 變成對配偶的譴責、抱怨或批評，進而會使雙方惱羞成怒，使性關係和婚姻關係都受到破壞性的影響。溝通意見得到這樣一個結果的根本原因是：沒有一方願意真正聽對方所說的話；沒有一方肯以誠實的態

度交談，以誠實的態度承認自己的不足或過失；不相信對方能夠改變。

　　雙方只要有較深的感情，能多為對方著想，在此基礎上以誠實的態度相互溝通意見，可以有很好的效果。性愛需要雙方共同努力，就像跳探戈一樣，需要兩個人完美地配合。只有雙方互相了解，互相溝通，才能獲得完美的性與愛的和諧。在性生活中，有些地方可以透過手勢或移動身體來示意。對有些「心有靈犀一點通」的夫婦來說，「身體語言」足夠傳情達意。有性問題的夫妻中，希望配偶「領悟」他或她沒有說出口的意思的人占 17%。

　　很多夫妻雖然知識層次、文化素養比較高，但對於性的認知度很低。即使性生活不和諧，雙方也很少進行交流，總覺得難以啟齒，從未重視。直到雙方生理上都出現了問題，妻子怪丈夫陽痿，丈夫怪妻子性冷淡，婚姻也出現了危機。因為對性問題沒有坦然的態度，有的女人甚至一輩子都體會不到性的快樂。

　　女性朋友如何提高自己的「性福」？專家認為應該除了雙方多溝通之外，還應該從以下三個方面著手。

- ◆ **養成良好的生活習慣**：例如，注意營養飲食，加強鍛鍊，保持性生活衛生等，盡可能地杜絕各種疾病的侵襲，做到養精蓄銳。正如人的各項機能是一個整體一樣，性並不能超脫在外，身體哪個部分出了問題，都會影響人的性慾和性能力。所以，保持身體健康，做到精力充沛才是提升自己「性福」水準的第一要義。

- ◆ **透過多種途徑增加性知識**：在不少人的觀念中，總認為性是一件「很齷齪」的事情，對有關性的話題持排斥的態度。其實作為生理機能的一部分，性就像吃飯一樣正常，和諧的性愛正是維持夫妻之間親密情感的最微妙、最不可缺少的東西。如果用心去體會，發掘性愛之美，

它就會變成妳意想不到的幸福。夫妻雙方都有權利從性愛中獲得快樂與幸福，也都有義務透過性愛帶給對方以體貼關懷。所以，要坦然地面對性，保護良好的精神狀態，增進夫妻之間的感情交流，不斷獲得性知識，主動進行性功能鍛鍊，這是矯正錯誤性心理的「靈丹妙藥」。

✦ **樹立健康的性觀念**：婚外性行為、一夜情、濫交、嫖娼、賣淫等，這不僅造成性病尤其是愛滋病的蔓延，也侵蝕人們的心靈，敗壞社會的風氣。其實，不論男性或女性，都需要有一個傾心相愛、在最危難的時刻也不會離開自己的終身伴侶，而只有婚姻和家庭才能滿足這種天經地義的需要。性愛和情愛統一，性與婚姻統一，是至今為止被證明為最文明健康的性觀念。只有具備了文明健康的性觀念，性才是美好的、高尚的。

# 同居、試婚還是騎牆派

有人說婚姻如圍城，城裡的人想出去，城外的人想進來。其中，結了婚的算是城內人，沒結婚的算是城外人。這樣看來，未婚同居的人叫做騎牆派似乎最為貼切。

騎在牆上過日子？聽起來有點不舒服，但還是有不少青年男女非常享受這種時尚的方式。這種方式的好處在於：男女雙方不必承擔夫妻之責任，卻可以享受夫妻之權利。此外，未婚同居者普遍還把同居當成「試婚」的工具：大家過過試試，合則進一步走向婚姻的禮堂，不合則說聲掰掰就可以輕易分手。

相對一夜情來說，未婚同居更容易被接受。因為，「我們」只是「未婚」而已，「未婚」兩字不僅暗示了雙方是有感情的，只不過沒有去登記

而已。看似冠冕堂皇的同居，說穿了無非是「一夜情」的升級版本而已。這中間加入了若干「愛情」的腳本，也在授權期限上有所延長，並相對保留了多一些的再次升級空間。

看似好處多多，但是，且慢——

妳以為同居就代表自己不受困，可以像單身一樣自由嗎？錯了，對方名義上是男友，實則是在履行老公的種種權利和義務。有人代妳買單的同時，妳也要接受有人留意妳跟異性打電話，抱怨妳下班並不立即回家等。

妳以為同居就代表分手不用辦離婚，手續較簡單嗎？一旦分手挽個皮箱就走。妳還是有很多裝不下、拎不走的東西的。

同居可以省租金、省水電費，這倒是真的。如果妳的最大理由是節省開支，那也無話可說。很多人是為了房子而結婚，為了錢而結婚，為了節省開支而同居也就見怪不怪。

既然同居跟結婚分別不大，那麼為什麼不保持不同居的戀人關係或者名正言順地結婚呢？

又有人跳出來說了：我們在試婚。這就好比公司用人，有一個試用期，彼此滿意則簽訂正式勞務合約，不滿意則一拍兩散。

對於婚姻，也有不少人贊成並身體力行地「試用」——試婚。在未婚同居的試婚一族看來，試婚可以試出雙方是否真正相愛，找出個性的最佳「配置」。在於和諧，和諧就建立家庭，相反就友好分手。

有人說結婚本身是一種契約，即雙方要有責任和約束力，試婚旨在淡化這種契約，使婚姻變得朦朧——「似花還似非花」、「像霧像雨像風」。在「試婚一族」看來，婚姻缺少了這個「朦朧」或許就真的朦朧下去了，或加入離婚大軍的行列，或造成婚姻品質不高的結局。於是，他們比較了父輩的「悲劇」之後，開始小心翼翼地畫著自己的婚姻句號。

在香港的一次青年問題研討會上，一位美籍華人說：「試婚一族在美國是很龐大的青年群體，在我們看來是一種正常現象，美國的男女青年較少是直接進入教堂的，他們大多有試婚行為。」某雜誌社透過網絡對 1,731 人進行問卷調查，結果顯示：38% 的人對試婚這種婚姻序曲表示理解，46% 的人反對試婚，另有 16% 的人不置可否。可見，試婚還是被相當比重的人認可。離婚率的上升和婚姻品質不高的現狀，使許多青年在借鑑了前輩的婚姻悲劇之後，開始視婚姻為「圍城」，望而卻步，於是才「摸石頭過河」。那些疑慮重重的青年男女為了免遭終身大事之不幸，只有來一次「路遙知馬力」，試婚自然也就不足為奇了。

對於試婚，不少人堅決地反對。愛情是神聖的，婚姻是嚴肅的。試婚的目的就是試合則進，試差則散。其實這只是停留在虛化的光暈中的期望，現實中操作卻是非同一般，分手所造成的心理打擊不亞於正式離婚帶來的痛苦。

一項研究發現，婚前同居者的離婚率要比未同居者高出 33%。另一項研究表明：婚前同居時間越長的夫婦，就越容易想到離婚。而且，研究者指出，同居者婚後生活不會很美滿，而且對婚姻的責任感差。

有心理學家解釋說：「同居常被美化為異常大膽、浪漫的舉動，但實際上不過是逃避責任的託辭。如果兩人捨棄結婚而選擇同居，那麼其中一人或者兩人都會在心裡說，我擔心對妳的愛不夠深，難以維持長久，所以在事情不妙的時候，我該有個抽身出來的退路。」

由此可見，試婚並非是選擇適合伴侶的有效方法。事實上，試婚也並非是「免費」試用，試婚中的「得」也不會多於「失」。因此，無論男人還是女人在婚姻面前，還是不要將選擇的「寶」押在試婚上。

# 婚姻與單身只是一種選擇

「人，一定要結婚嗎？」這可能是一個比較隨意而情緒的想法，但這真的是現代人一個普遍存在的問題。1950 年代以後出生的人年輕時都不會這樣想。那時，人長大了要結婚，就像天要下雨一樣自然。婚姻，也成為衡量一個女人幸福的最重要的籌碼。但現在變了，婚姻與單身一樣都成了現如今一些女人生活狀態的一種選擇。

以前，人們說，女人能找到一百個理由說男人的不是，但也能找到一百零一個結婚的理由，現在的狀態是：女人可以找到一百個結婚的理由，也可以找到一百零一個不能結婚的理由。一些女人因看懂了生活的必然困境而自然地面對婚姻，單身是一種生活的暫時狀態，也或是永久狀態，愛情來時，盛裝迎接；愛情去時，笑臉相送。單身與婚姻都是一種隨緣，抑或是一種對比之後的選擇。

‧選擇單身，需要勇氣

單身生活，確實很自由，但這種自由是有代價的。妳可以不用對別人負責，但也沒有人對妳負責，妳得為自己全權負責。我們隨手就能列出十幾條單身的成本：

◆ 一個人貸款買房。

◆ 一個人賺錢養家。

◆ 遇事自己做決定。

◆ 一個人吃早餐、午餐。

◆ 陰天要想著帶傘。

◆ 出門不能忘了帶鑰匙。

◆ 生病自己去醫院。

✦ 若是單親媽媽，要獨自一人帶大孩子。

✦ 燈泡壞了，要學會自己換。

✦ 外出旅行要託人照看貓咪……諸如此類，還有許多，不一一列舉。

總之，單身生活並不是輕鬆的事，成本很高。至於收益，只有一個——自由。

當然，好東西不用多，一個足矣。因為可以衍生出許多。比如一個人睡到自然醒，不用擔心有人在旁邊打呼或說夢話；節日沒有一大堆姻親應酬，獨享恬靜和閒暇；可以結交不同類型的異性朋友，只取精華，不要糟粕；沒人和妳搶遙控器等等；最後，也是最重要的一點——不管何時何地，遇到自己喜歡的人，可以痛痛快快地戀愛，不必克制自己。

·選擇婚姻，要付出自由

與單身生活相比，婚姻有很多好處。比如可以兩個人貸款買房，兩個人賺錢養家，遇事可以和人商量，有人與妳共進晚餐，下雨有人幫妳送傘，生病有人陪妳去醫院……總之，單身的成本就是婚姻的收益。聰明的妳自然會算出。

當然，這一切都是以失去自由為代價的，這也是婚姻最大的成本。一旦選擇結婚，妳就不能再像從前那樣一個人到處遊蕩，還有，如果有了寶寶，晚上要睜著眼睡，早晨要起來換尿布。最後，也是最為關鍵的一條一結婚意味著妳要放棄愛別的男人的權利，不管他多麼英俊優秀。當然，這是指結婚後仍繼續工作的職業女性，如果想做全職太太，成本和收益又要換一種方法算了。

單身主義者在傳統社會中無疑將承受來自四面八方的議論，能頂住重壓將單身主義進行到底的女人，不容易。

不過，生活是自由的，單身有單身的寂寞和快樂，結婚有結婚的苦惱和孤獨。如果不考慮以婚姻為歸宿，那妳不必在意，而且妳也完全可以讓自己成為一個快樂的單身主義者。

# 從「七年之癢」到「三年之痛」

據說愛情只有 18 個月的保固期，而婚姻在七年左右最危險。婚姻所謂的「七年之癢」，指的正是婚姻在七年歲月的打磨下黯然無色。七年的時間裡，隨著夫妻雙方的熟悉使各自魅力大減，浪漫與瀟灑隨著生活的壓力而喪失殆盡，婚姻終於進入一個稱之為「玻璃婚」的危險期。

「七年之癢」本來的意思是說許多事情發展到第七年就會不以人的意志地出現一些問題，套在婚姻上竟然十分適合。結婚久了，新鮮感喪失。從充滿浪漫的戀愛到實實在在的婚姻，在平淡的朝夕相處中，彼此太熟悉了，戀愛時掩飾的缺點或雙方在理念上的不同此時都已經充分地暴露出來。於是，情感的「疲憊」或厭倦使婚姻進入了困局，如果無法選擇有效的方法透過這一困局，婚姻就會終結。

從人的成長角度來講，大多數人是在婚姻中實現自我的成長。戀愛的時候對自我的認知還不清楚，更不知道自己需要什麼樣的配偶。隨著婚齡的增加，尤其是許多家庭撫育幼兒之後，育兒任務的繁重和教育理念的差距，使婚姻中長期累積的矛盾慢慢凸顯。加之雙方人生發展軌跡的不同，造成實力的懸殊和共同語言的減少。婚姻專家指出，最大的離婚理由，不是婚外情，而是夫婦兩人不能配合，不能再生活在一起。從溝通的方式來講，夫妻間的關係太熟了，往往忽略配偶的需要，不再選擇表達的方式，在表露自己情感的時候不加掩飾，很多情況下會傷及對方。孩子出生之

後，母親的情感全部轉移到孩子身上，冷漠成了雙方情感的癥結，彼此的負性情緒相互渲染，使家庭氛圍緊張。

據婚姻調查的資料顯示，生活在都市裡的夫妻，七年之癢正朝三年之痛發展。生活的節奏在加快，婚姻的變化接著也跟上了這個潮流。

如何破解七年之癢與三年之痛呢？下面我們為妳出幾招。

## ■ 讓婚姻鬆鬆綁

親密無間，是很多夫妻追求完美生活的最高境界。但有時，適當的親密有「間」，反而會讓婚姻進入良性發展空間。

李勇和柳眉結婚 6 年，即將步入第 7 個年頭。兩個人常常會為了一點芝麻綠豆的小事爭吵不休，一旦吵起來，雙方都寸步不讓。

有一次，李勇到外省出差，要走兩個月。結婚以後，他們從沒分開過這麼久。李勇走後，柳眉鬆了一口氣，覺得自己終於可以安靜一段時間了。結果還不到一個月，柳眉就開始無法自控地想念李勇。他們之間的電話越來越頻繁，每次通話時間也越來越長。他們居然有了當年戀愛時的感覺。將近 7 年的婚姻，讓他們彼此成為對方的左手，存在時感覺沒有多大用處，但當左手無法使用時，他們才意識到左手是如此不可或缺。

如今，他們會從一年中拿出一個月的時間，讓彼此放個假，讓婚姻鬆鬆綁，讓對方喘口氣，也讓婚姻喘口氣，然後再攜手繼續走下去。

柳眉覺得這種方式非常適合婚姻生活，因為如今正處在七年之癢的他們，感情反而比原來更好了。李勇也感嘆，在一起雖然沒有特別的感覺，但分開後竟然還有著絲絲縷縷的牽掛。

## ■ 為愛情加點油

愛情是婚姻的保險。而愛情也如同一盞油燈，如果長時間不加油的話，光亮會愈來愈微弱，甚至熄滅。

大劉和小珊結婚 8 年，感情一直很好，他們的婚姻保鮮絕招是：時常為愛情加點油。大劉的工作非常繁忙，但他總會抓住時機為妻子做些不起眼的小事。早晨，小珊還沒睡醒，大劉就要準備上班了。他會順手幫小珊把刷牙杯子倒滿水，幫牙刷擠上牙膏。這事雖小，但卻讓小珊一天都在欣喜中度過，因為老公心中有她，就已經讓她很滿足了。

大劉有時需要加班，很晚才回來。他一回到家裡，小珊就會接過他手裡的公文包，並為他泡上最喜歡喝的龍井茶。當大劉坐在沙發上休息時，小珊會幫他做些簡單的按摩以緩解疲勞。事情雖然都是一些小事，但小事也可以見真情。

婚姻生活本來就是有瑣碎的小事情組成，驚天動地的大愛只有在遭受大的變故時才能有表現的機會。所以每天請為對方做一件小事，讓對方感覺得到妳是他（她）生命中最重要的人，值得他（她）去珍愛和牽掛。用愛和溫暖去為婚姻投資，妳得到的回報將十分豐厚。

## ■ 為婚姻滅滅火

人在憋了一肚子怨氣時，情緒就「上火」了。情緒「上火」若不及時敗火。肚子裡的怨氣累積多了，總有一天會爆發，一場大戰終究會導致兩個人的關係惡化。

當妳對另一半有什麼不滿，除了當面提出，更可以換一種間接的方式。例如，用留紙條或發電子郵件的方式「控訴」對方。用這種間接的方式，有助於雙方避免情緒化的對立。

夫妻之間的交流與溝通有很多種方式，而吵架是最笨的辦法。如果一段婚姻長期「上火」，總有一天會著火。所以為婚姻找一個正確的發洩渠道是十分必要的。

# 為白開水式的生活加點調料

一位男士有天晚飯後正在家中看電視，不知結婚 5 年的太太在一旁說些什麼，他專注地盯著電視，沒去理會。

這時太太突然一下站了起來，開始在客廳裡翻箱倒櫃找東西，找著找著，逼近了他身旁，甚至把他坐著的沙發墊也翻了過來。

這下他實在忍不住，便開口問：「妳到底在找什麼？」

她說：「我在找我們感情中的親密與浪費，好久沒看到了，你知道它在哪裡嗎？」

兩人在一起久了，感情也的確穩定下來了，但風味似乎也由蜜糖水轉為白開水。原先的激情不在，猛然回首，才驚覺自己手中一路捧著的愛情之花早已如風乾的玫瑰，變味走調多時。

其實，在白開水式的家庭生活中，若適當加入一些調料，以耐心、細心的文火慢燉，生活就會有滋有味。如同家庭生存的 7 件事（柴米油鹽醬醋茶）一樣，家庭生活也有 7 樣調料，現簡述如下。

◆ **童心**：只有童心不泯，青春才可常駐，愛情才可歷久彌新，所以最好能保留多一點天真、單純，多擁有一點愛好、好奇心，多玩一點遊戲。不管是中年人還是老年人，在外儘管當「正人君子」，回到家中，大門一關最好當大孩子。

◆ **浪漫**：不少家庭太注重實際，而缺少浪漫。如果有人問「工作、家事

忙了一整天，一家人為什麼不去散散步？」我們往往會回答說：「我很累。」然而這些說「很累」的人過不了多久，甚至徹夜通宵地打麻將。可見能否浪漫的關鍵在於是否擁有浪漫情懷。不要以為浪漫就是獻花、跳舞，不要以為沒有時間、沒有錢就不能浪漫，要知道浪漫的形式是豐富多彩、多種多樣的。

◆ **幽默**：許多人把喜歡開玩笑看成油嘴滑舌，辦事靠不住，認為夫妻之間講話應該講求實在，不必講究談話藝術。殊不知，說話幽默能化解、緩衝矛盾和糾紛，消除尷尬和隔閡，增加情趣與情感，讓一家人其樂融融。

◆ **親暱**：許多夫妻視經常親暱為黏黏糊糊，認為「當眾親暱」是輕浮的表現。但專家研究發現，親暱對提高家庭生活品質有著妙不可言的作用，而長期缺少擁抱、親吻的人容易產生「皮膚飢餓」，進而產生感情飢餓。因此，家庭生活最好能多點親暱的舉動。例如，長大了的女兒仍挽著父親的手；夫妻出門前擁抱、接吻；一方回來遲了，不妨拍拍忙碌的另一方的「馬屁」等。

◆ **情話**：心理學認為配偶之間每天至少得向對方說三句以上充滿感情的情話，例如，「我愛妳」、「我喜歡妳的某某優點」等。然而，不少人太過含蓄，有人若把「愛」掛在嘴邊，就會被說成是淺薄、肉麻。不少夫妻更希望配偶把愛表現在細緻、體貼的關心上，這固然沒錯，但如果只有行動，沒有情話，會不會讓人有「只有主菜，沒有佐料」的缺陷感呢？

◆ **溝通**：經常在影視中聽到夫妻某一方說：「我想找妳談談！」於是雙方會找一個機會把心中的不快全倒出來。而不少夫妻把意見、不快壓抑在心裡，還美其名曰「脾氣好，有修養」。其實，相互閉鎖只能導

致誤會加深，長期壓抑等於蓄積惡性能量，一旦爆發，破壞性更大。人們不難見到，一些平日相處不錯的夫妻一旦吵起架來就翻陳年舊帳，把芝麻綠豆大的小事全都全倒出來，結果「戰爭」升級，矛盾激化，有的甚至導致勞燕分飛。夫妻間應該加強溝通，有意見應誠懇、溫和、講究策略地說出來，並主動了解對方有什麼想法。吵吵架也不一定是壞事，畢竟它也是一種溝通方式，只是吵架時千萬別翻舊帳，不要進行人身攻擊。

◆ **欣賞**：人們常用欣賞的眼光看自己的孩子，所以總覺得「孩子是自己的好」；卻常用挑剔的眼光看配偶，所以認為丈夫總是別人的好。例如，一方全身心撲在工作上，另一方既可以欣賞他事業心強，也可以指責他一點也不把家放在心裡！這說明用不同的眼光去評價同一件事，結論會大相逕庭。如果妳不假思索就能數出配偶許多缺點，那麼妳多半缺乏欣賞的眼光。如果妳當面、背後都只說配偶的優點，那麼妳就學會了愛，並能收獲到愛。

相信看了以上幸福生活的「調味品」，女人們一定知道該如何去調配自己的婚姻了。一言以蔽之，只要能用童心、浪漫、幽默的情懷對待家庭生活，用欣賞的眼光看配偶，並且能把對配偶的感情（尤其是愛意）用情話說出來，或用親暱的舉動表達出來，幸福美滿的家庭就不難擁有。

總而言之，家裡的男女主角就像兩根筷子一樣，誰也離不開誰，而且還要一起品嘗人世間的酸甜苦辣，一直到永遠。當最初的熱情過後，婚姻所需要的是一如既往的保鮮。讓不間斷的驚喜來延續美，讓適合的距離產生美，讓加深的信任鞏固美，讓寬容的理解滋潤美，給彼此適合的距離、適合的空間。

# 5 句不能對老公說的話

設想妳走在下班的路上，行人匆匆擦肩而過，妳突然看到一對洋溢幸福氣息的戀人走過來，兩個人的手緊緊握在一起，空氣中都散布著他們的甜蜜和美好。妳的感覺是什麼呢？看一眼就匆匆走過？還是撇撇嘴表示鄙夷但是整個晚上都憤恨著：他們為什麼這麼幸運？如果妳的反應是後者，那麼妳更應該反省內心：面對感情穩定幸福的一對情侶，妳很難強迫自己不去嫉妒，妳是否正在為了維護自己的戀情而焦頭爛額呢？

下面我們列舉 5 句不少女人經常掛在嘴邊的錯誤言語。

◆ 「**沒有我，就沒有你的今天！**」：愛首先是一種尊重，不尊重他，怎麼會珍惜他？如果妳的付出是源於心甘情願的愛，那麼妳根本沒有心情會去計較得失；如果妳已經開始在意自己的付出，這說明妳的愛已經份量不足了。這個時候，計算是可以的，但是心知肚明即可，絕對不能光明正大理直氣壯地去索債，那只會讓妳們原本就岌岌可危的愛情加速蒸發。

◆ **你跟你爸爸（或媽媽）一樣 ×× （×× 指負面評價）**：指責對方，還要附帶對方的長輩，這種雙重的攻擊讓每一個人都會難以承受。

◆ **你看人家小張，比你厲害多了**：看不起和被奚落。男性通常比女性缺乏安全感，若妳提及到別的男士的優點來和他作比較，可能會令他忐忑不安。因此盡量少拿丈夫跟別的男人作比較，應讓他覺得自己比其他男人優秀。

◆ **如果你真的愛我……**：女人說這句話時，一定是帶有後文的。這其實是以「愛」為條件來獲得後文中的要求。例如，如果你真的愛我，就應該如何。不具體談為什麼應該如何，單純用愛的名義來達到目的，

即使勝了，也勝之不武，無法讓男人信服。這種話也許在關鍵時候能用一用，但千萬注意不要常用。

✦ **對不起，我現在沒「性趣」**：類似的話有「我沒感覺」或「你好差」。因為知道妳在這方面幫他打了低分，他會覺得自尊受到嚴重的傷害。否定男人的性能力是對他最大的侮辱，尤其是簡單粗暴的否定。就算妳不肯點燃自己逢迎他，也可以讓欲望慢慢升溫；就算實在不願勉強自己，也可以找個沒被用濫的理由來緩解。斷然拒絕，不僅會影響他一陣子的心情，還會影響他的性功能。別提令他喪氣的事，說出妳喜歡的，或是委婉地告訴他妳想要的。

# 假如遇到更好的男人

假如遇到了更好的男人，妳該怎麼辦呢？這真是一個美麗而又蒼涼的話題。彷彿在盛大晚宴上突發了牙痛，雖然暗地裡「嘶嘶」地抽著涼氣，而面上不得不繼續保持微笑。

真是鬱悶呀！按照蘇格拉底的「如何尋找最大的麥穗論」：在一塊麥田裡先走 1/3 的路，觀察麥穗的長勢、大小、分布，在隨後的 1/3 中選定一個相對最大的，然後從容地走完剩下的 1/3 —— 即使在這 1/3 中面還有更大的，按規律來說也不至於令妳太過遺憾了，總比一上來就匆匆選定，或行程快結束了才隨便抓一個更使人安心。倘若妳有機會到另一畦更大、品種相異的麥田繞遛一圈，妳常常會很傷心地發現，自己視若珍寶的那個麥穗相對於外面的世界不過是小巫見大巫。啊，那偉岸的身軀，那挺拔的氣度，那迷人的風采，那一舉手一投足……讓人恨不相逢未嫁時！

有人說，算了，與原有的「他」已經磨合了。但如果與新的「他」不

磨就合，甚至還更融合呢？有人說，睜著眼睛挑，閉著眼睛過，嫁雞隨雞嫁狗隨狗。但心頭的遺憾並不能就此而抹去，若到將來無法忍受時再反悔，既害了自己又害了他人。

　　其實，所謂「更好」的男人，這樣的假設很少發生。這樣的男人總是已經被那些眼尖的女人占領了，哪裡還輪得到妳來「假如」？自然會有亡命之徒，敢於衝上去與人爭搶。問題是頭破血流地搶了來，就是「更好」的麼？到那時候，「更好」的說不定會讓妳更失望——因為，這是妳「下定決心，不怕犧牲，排除萬難」爭取來的勝利，所以會加倍珍惜，對於他的要求也會水漲船高，希望越高，則失望就會越大。

　　就算碰到了「更好」的男人，先確定一下自己的判斷是否正確。就像女人在會見其他男人時會打扮化妝一番，以顯得更加漂亮一樣，男人在女人面前，尤其是在他心有所屬的女人面前，也會顯得更加能幹、風趣、體貼、瀟灑，而把不太美妙之處無意或有意地隱藏起來。反之，原有的「他」已缺點暴露無遺，優點又已被習以為常，就像天天吃的飯，雖然很好吃，但吃的人已不看重，只有到了沒有的時候，才會懷念起來。如果那「更好」確實是無疑的，便再想想那「更好」與原有的「他」的好，哪個是自己更需要的；兩者的不足，哪個又是自己更不能接受的。人無完人，都有長處有短處。有的長處對於妳是很重要的，如妳是個很需要關懷愛撫的人，他又格外細心體貼；有的則是無所謂的，如他交誼舞跳得很好，而妳又不常跳；有的是妳暫時很需要的，如電腦技能，等妳也掌握了以後就無所謂了。缺點也是如此，有的是妳很難忍受的，如他輕易愛上別的女人；有的是妳無所謂的，如他比較邋遢而妳有足夠的能力彌補；也有的是妳慢慢會習慣的，如他打呼，時間長了妳就覺得與掛鐘的嘀嗒聲沒有什麼兩樣。還有些優缺點屬身外事物，如金錢、住房，沒有的時候很重要，有

了以後又並不能帶給感情什麼，且沒有很容易會變成有，有會變成沒有，甚至會用於別的女人。

退一萬步說，就算這個「更好」的名符其實，妳也真的對他十分滿意，然而——太陽底下沒有新鮮事，日復一日，年復一年的生活也會使許多東西蛻變。看的時間長了，再美麗的東西也會看得熟視無睹了，何況是人呢！到那個時候怎麼辦呢？難道還要再去尋找「更好」的？

如果思考下來還是原有的他仍處於下風，那就輪到了第二思：要是「跳槽」，對原有的他，對子女，會有什麼影響？若好處大於壞處，例如，他可以跟與他更適合、對他更有幫助的人結合，而不用一輩子跟嫌棄他的人，甚至他也嫌棄的人在一起，那就大膽地跳吧。若壞處大於好處，那就要權衡一下：自己良心上承受的折磨會不會大於「跳槽」帶來的好處。如果說自己已很對得起原來的他了，「跳槽」對自己的一生又太重要了，那就跳吧。若不然，就只能「還君明珠雙淚垂，恨不相逢未嫁時」了。

那麼，面對正在向妳走來的好男人，我們該怎麼辦？最好的姿態是站在遠處欣賞他，而不要因為靠得太近而打破一種完美。做個好朋友，既有無話不談的投機，又有互不計較的寬宏，免得靠得太近了，天天產生斤斤計較的摩擦。也不會因為靠得太近了，有一種互相妨礙和箝制——感情的斷送往往因這些而起。這是個開明的時代，請握緊妳的麥穗給他一個微笑：讓我做妳的紅粉知己吧！分享彼此的歡喜，分擔彼此的憂傷，照亮愛情顧及不到的地方，在真情的麥田裡享受另一種有關友情的芬芳。這樣，不是更好嗎？

# 忠貞是過時的美麗嗎

外遇，在以前聽起來還有些刺耳，而今，說起與這兩個字有關的話題，無論誰都覺得很自然，好像是和穿衣、吃飯一樣的平常。雖然談起與外遇有關的人和事還免不了些許的神祕，但如果無論是誰發生外遇都覺得是一件再普通不過的事情，真不知是社會在變還是人在變。

某報紙上曾經刊登過一份關於夫妻忠貞的調查，調查結果表明至少有五成以上的夫妻曾對對方有過不忠行為，而且這其中可能有些人還沒有說實話。看到這些，我們也只能唏噓長嘆現代人的思想真的是越來越開放了，他們視傳統觀念、倫理道德如兒戲，致使婚姻家庭觀念越來越淡泊，越來越喪失了為人妻、為人夫的責任感。

不過男人的外遇程度還是高於女人，而女人則有可能是為了報復自己的丈夫而這樣做的。但女人的外遇卻大有後來居上之勢，傳統社會裡人們對男人非常寬容，現在雖然說從前的三妻四妾已成為歷史，但男人的婚外情人們卻能包容，而女人要是紅杏出牆，則不管是自己的男人還是什麼別的不相干的人都覺得不能接受。在這個問題上，就是女人自己也不願聲張，只能選擇偷偷摸摸。

女人卻越來越覺得這樣對自己實在太不公平，男人可以任意枉為，而且事情敗露後，還有很多人勸受害的女人要視家庭和孩子為重，能忍則忍，男人花心也是本性，等等。而女人呢？在這個年代女性究竟哪點不如男人呢？尤其是經濟獨立的女人更不願意被人擺布，而在平淡的婚姻之外遇到了自己喜歡的男人，偶爾為生活找點刺激又何樂而不為呢？

至此，夫婦之間的彼此忠貞不渝的愛情也就快成為20世紀的童話了。但不管怎樣，男人、女人的內心深處仍然是渴望一種忠貞，不過這種忠貞

也只是對對方要求高，而對自己則是放鬆。女人有時會說：「只許州官放火，不許百姓點燈！」男人總是希望女人，不論是妻子還是婚外情人都對自己忠貞不貳；而女人則希望丈夫一心一意地對自己，不要在外面搞三搞四。人的本性真的很自私，對自己可以放任，而對別人卻只想索求。

有很多鬼話和謊言會誘惑女人墜入陷阱，令她覺得自己擁有很多很多愛，覺得自己可以擁有很多人的愛。事實真的是這樣嗎？請一定要睜大雙眼，看好了再交出自己的感情。

「我承認愛過很多人，但我保證每一次都是真的。」有男人會這麼說，也許有些人天生就是容易愛上也容易忘掉。如果妳不幸遇到這樣的超級花心大蘿蔔，而妳又相信他，那妳所能做的就是愛的時候好好愛，但千萬別指望什麼天長地久。

「無論我跟誰上床，心裡想的只有妳。」當身體比思想跑得快的時候，地球人一般都會這麼說，要不這 N 年的教育不白受了？誰都不願意充當真正的不道德者。

「身體的出軌不是出軌，精神的出軌才是真正的出軌。」這是目前使用頻率最高的泛情宣言。比較流行的遊戲是玩上下半身分離，只要上半身是純情的，就算下半身再泛情也不要緊。但能把這個遊戲玩出境界的人少之又少，不管怎麼說，上下半身還共用一個心臟呢。

「真正的純情是泛情後的回歸。」這是目前隱私體文章絕對熱衷的一類故事。某男或某女閱數人後，突然達到了萬綠叢中過，片葉不沾身的境界，然後不可思議地邂逅某女或某男，開始一段曠世純情故事。所以，有人說若要找純情的對象，那種泛情過得最靠得住。彷彿人人都會泛情一把，只看時機早晚。這種鬼話，最好讓它去見鬼。

「親愛的，只求一朝擁有，莫管天長地久。」這句經過實踐得到的真

理，現在已經變成泛情的藉口。如果在相愛的時候，他這樣對妳說，說明他已經做好了撤退的準備。

「無論我過去愛過多少人，請相信妳是我最後一個。」此話說時聲聲血淚，字字有聲。然而時過境遷，如果妳把它當成分手時質問對方的證據，就未免天真。此句宣言，在 80 歲時說，才有 90% 的可靠率。

「愛是一種感覺，每個人都應該尊重它。」這話初看無可挑剔，但尊重的是感覺還是愛呢？要搞清楚，如果尊重愛，就要努力壓抑感覺。這樣，愛才能長久。如果尊重的是感覺，每個街邊路角咖啡廳酒吧，都會遇到有感覺的人，多到妳顧都顧不過來。

「求求妳，把生活和婚姻分開。」在泛情者眼裡，生活是流水，需要不斷地更新和全新的體驗，而婚姻是根據地，我要所以它在。

上面的種種謊言和理由，讓妳自己寬慰自己，為自己的感情泛濫尋找藉口，其實妳也知道它們只是藉口。不要再執迷不悟了。

有愛的地方往往有傷害，因為我們都很脆弱。放縱的結果只會使我們失去很多本屬於自己的東西，失去享受天倫之樂的機會、失去家庭寧靜的幸福。當人們發現自己原本擁有的東西是最珍貴的時候，也已經失去了這份原有的幸福。忠貞不貳使我們的生活多了些平淡，少了些激情，遭到激情放縱的人們也只有到最後才真正知道生活平平淡淡才是真。

越來越多的人在號召忠貞的回歸，放縱不只帶來家庭的破裂，道德倫理的淪喪，並且帶給人類來了滅頂之災的疾病。人們再次呼喚傳統道德，呼喚男女雙方的彼此忠貞。男人和女人，是說不清的話題，只不過，不論是男人還是女人都仍然希望忠貞再不是上個世紀的美麗傳說。

# 破解女強人的幸福難局

我們經常可以見到這種情況：一個事業有成的優秀女性，家庭卻不幸福。有個電台頻道，對一些事業有成的女人進行了專訪，但受邀做客的成功女人有 80% 的屬於單身。這些單身者要麼是多次離異，要麼是大齡未婚。我們雖然不能簡單地以單身來斷定她們生活不幸福，但從人之常情來說這樣的境遇是有人生的缺憾的。也就是說，很多要強女性在首頁上的每一點成績，似乎都是以放棄生活中的幸福作為代價的。

張霞掌管著一家規模不小的公司，而她的丈夫是一位普通的中學老師。因為公司的工作非常繁忙，根本做不到下班準時回家，因此張霞根本無法顧及家庭，對孩子的照顧也很少。她每次回家，都能感覺到丈夫對自己的不滿。為了彌補心中的愧疚，張霞回到家就拚命做家事，然而她的丈夫根本不領情。兩人之間的話越來越少，最後發展到以字條傳話的地步。

從形式上看，這類女性總是要自己說了算，就算是溫和的語氣而不是命令的語氣，與她們相處的人最後仍會發現好像怎麼樣也沒有逃出她們的神掌，剛才興沖沖的提議還是被她們化解為無形。內心裡，她們具有強烈的控制感，並聽命於這種控制感的支配。一方面，她們不能忍受遵循別人建議的那種失控感，必須控制周圍的人際關係以強化自我無所不能的神話；另一方面，控制可以避免觸及自我不熟悉的領域，而不熟悉的領域會導致不安全感，引起強烈的焦慮。也有一些人具有自戀的傾向，她們打心眼裡認為自己非常完美，總拿自己的優點和別人的缺點比較，沉浸在自我欣賞之中，不自知、不了解他人的感受。

女強人在這樣的心態下可能會遭遇情場失意，也可能會在婚後造就一個冷抵抗的丈夫。

其實，解決這個問題的答案很簡單，就是及時轉換自己的身分。上班的時候當個「女強人」，和男人一樣雷厲風行地工作；下班回到家中，變得小鳥依人，在家裡甘居下風。

婚姻是兩個人的舞蹈，因此關鍵是怎麼跳才和諧。若一方只知道邁著自己獨特的舞步，那麼另一方就會因為跟不上而逃避。

改善這種境況首先要做的是放棄控制，承認他人和自己一樣，是獨立的具有辨析能力的個體，以同樣的標準來對待自己和他人的權利才是真正的自尊和尊重。要放棄控制，開始時會有嚴重的焦慮，但這種情緒在達到高峰後，會在數小時內恢復到平常水準，不會無限制地發展下去。因此，要容忍這種情緒的產生，也可以透過其他方式轉移焦慮情緒，例如，做做運動、參加娛樂活動等。

不管夫妻雙方的事業有多忙，晚上都要抽出 15 分鐘時間給對方。15分鐘做什麼呢？交談，甚至吵架也無所謂。當然，這種交談應該遵循一種體育精神，比的時候要拚命地比，結束了要像朋友一樣不管輸贏都開開心心。不要怕話不投機，每天都要持續，要給雙方一個平臺來訴說和溝通。

既然婚姻是兩個人的舞蹈，那麼再忙也要每天跳上一段。只有兩個人不斷地磨合和練習，互相習慣對方的舞姿，婚姻才能達到默契。

女人不要在心愛的男人面前做女強人，學會和自己的男人撒嬌不丟人。男人需要的是需要自己照顧、憐惜的女人，這樣他能夠發揮出他男子漢的氣概和尊嚴，用心保護妳。一個女人應該獨立，但千萬不要太強，尤其是在他的面前擺架勢，那就大錯特錯了。這樣的結果不是不歡而散，就是彼此強烈的傷害。

柴契爾夫人號稱鐵娘子，但在她丈夫面前卻溫柔如水。在家中不是鐵娘子領導她丈夫，而是她丈夫領導鐵娘子。她才是一個真正成功的女性，

一個真正偉大的女性。

　　女人如果總想領導自己的丈夫，以自己的意志支配丈夫，任性不順從丈夫，這可是生活得最窩囊的女人。男人如果凡事順從這樣的妻子，則是天下最無用的男人。女人如果總想在丈夫面前爭強好勝，要丈夫順從自己，其實是很愚蠢的，最終必定是自己受傷害。其結果不是和一個唯唯諾諾的小男人湊合著過，就是戰爭迭起甚至離婚。這不是在替男人說話，而是大量的實實在在的案例擺在我們面前，我們不得不承認。

　　小何事一位事業女性，她說：「夫妻之間，只有信任和理解還不夠，更要相互欣賞，同時要建立三種感情，一是朋友情，二是夫妻情，三是母子情或者父女情，沒有不包容兒女的父母，也沒有嫌父母的兒女。」她認為：「企業與婚姻真的有很多相似之處，它們都需要兩個人共同去經營，尤其是在面臨危機的時候，更是要我們同舟共濟。」

　　「不要只盯著對方的缺點，而是要用欣賞的眼光去看對方身上的優點，把藏住的優點通通地挖掘出來。」小何說，這就是他和和諧丈夫相處的祕密武器，但她同時也說，這個武器相信很多人都知道，但關鍵是看能不能長久地、不斷地去挖掘。

　　小何的「祕密武器」也許真的算不上什麼「祕密」，其實質無非是在生活中不要太強勢，要學會欣賞妳的配偶，甚至可以這樣說：要知道做面子給對方。「男女平等」的口號喊了很多年，但成功的男人身邊的女人可以心安理得地小鳥依人，成功女人身邊的男人卻鮮有能夠「小鳥依人」的。這是短時間裡無法改變的現實。女強人為了幸福，也許真的只有運用智慧去適應這種「不平等」了。

# 家庭幸福預報

　　作為深受廣大讀者喜愛的女作家，小畢的散文被廣泛轉載。小畢的文字，寫來神閒氣定，字裡行間流露的是她的冷靜與善意，讓人感覺這是一位有著大智慧的女子。

　　關於幸福，是小畢的散文一個永恆的主題。她總是用冷靜、雅緻而又充滿哲理的語言，向讀者娓娓道來。如同一碗溫潤的心靈雞湯，於不動聲色之中，讓人們的心靈受到春風化雨般的滋潤。下面，我們摘錄了小畢的散文〈家庭幸福預報〉作為本章之結束語。

　　今日世上多預報。比如天氣預報，地震預報，商情預報，服裝流行趨勢預報，甚至連幾十上百年後的日月食，都有了分秒不差的天象預報。不知為什麼一椿婚姻誕生時，卻沒人對它的走向，發布家庭幸福趨勢預報？

　　料想此事太難。

　　人無慧眼，可穿透歲月層疊的霧嵐，窺見新人的滄海桑田。天會變，道亦會變。地位、相貌、健康、性格……都像擁擠的卵石，在時間的渠裡磕磕絆絆，幾十年沖刷下來，篳路藍縷，舊貌新顏，有的化作晶瑩瑪瑙，有的碎成粉碴石屑。意志不是金剛水鑽，沒有那麼堅不可摧的硬度，柔軟多孔的人心是善變的精靈。

　　更無一把衡尺，可丈量幸福的杯子是否飽滿。妳以為洶湧澎湃，他卻道涓涓細滴。妳陷入悲痛欲絕，她沉浸風花雪月。思維無並連，神經永絕緣，是動物的造化之幸，也是人的悲哀之源。幸福也許是高速車上捆綁的安全帶，因人制宜，松窄可調，不到車毀人危的關頭，看不出它所捆定的價值。

　　幸福無框架，幸福無定義，幸福不會立此存照，幸福無法預支和儲蓄。幸福可以壓縮，幸福可以擴展。幸福無保修，幸福無退換……誰願面

對一件標準模糊的朦朧產品，說短論長？

家庭的幸福，難道真是百面妖魔，沒有絲毫蛛絲馬跡可尋？幸福的趨勢，竟如盲人摸象，永無方法可考？設想婚禮的筵席上，若有預告幸福指點迷津的權威術士，該是最受敬畏的上賓。

不知未卜先知的哲人，有何手段擊穿未來，燭照今夕？依我之心，竊以為該先測測雙方的智商。假如智慧相等或差池在正負 10% 的範圍內，幸福便有了 25% 的保障。想想看，若在幾十年的耳鬢廝磨中，每一句話都呢喃兩遍以上，彼此才能緩緩溝通，是否慢性受刑？愛是生死與共的事，其難度不次於哥德巴赫猜想。分秒必爭斗轉星移的今日，腦是每個人首要的固定資產，評估它的功能狀態，是必要的條件。

教育的差異可在漫長的日子裡填平補齊，更何況家中迴盪的多是人生冷暖，並非先賢凝固的文字。假如智慧不對等，鴻溝非人力可充墊，循環往復的對牛彈琴，最易生出慘淡的麻痺和難以療救的倦怠。世上有許多背景懸殊的夫妻，在外人以為必是寡淡無味的相守中，其樂融融。不僅是情操的契合，實有神智棋逢對手的持久快意。

單有智商是不夠的，還需優良的品性與互補的性格，分數前者占三後者占二吧。

婚姻是一場馬拉松呢，從鬢角青青到白髮蒼蒼。路邊有風景，更有荊棘，妳可以張望，但不能回頭。風和日麗要跑，狂風暴雨也要衝，只有清醒如水的意志和持之以恆的耐力，才能跑到終點的紅繩。

婚姻在某種程度上，是陰陽的大拼盤。我總懷疑性格的近似，是滋生不幸的助劑。然而剛柔相濟，圖紙上令人神往，實施起來難度很高。拿捏好分寸重要而微妙。逆反太凶，則是冤家對頭，雖有強的磁場引力，但長久相剋，磨損太甚，只怕兩敗俱傷。然而適當的尺寸，又像絲絲入扣的魔

鞋，縹緲大地，誰知遺走何方？有的人尋找一生，找到了，是大幸運。找不到，無望無奈，也可保有死水微瀾的寧靜。最怕的是委委屈屈的將就，合久必分，卻又當斷不斷。好像速食店的塑膠低背椅，可待片刻，難以枯守一生。道貌岸然地堅持，必是頸項腰腿痛。半輩子熬過去，脊柱都彎了。

善良在幸福這鍋湯裡，就像優質調味，斷斷少不了。我看至少把 1.5 分給它。現今有人覺得善良簡直就是無用的別號，我卻以為無論在生意場社交場上，善良多麼忍辱蒙羞落荒而走，友誼與家居的優美疆域，永是它世襲罔替的領地。喪失善良的友誼，是溶了蒙汗藥的酒池肉林。缺乏善良的婚姻，是危機四伏無法兌現的期票。婚姻易碎，婚姻易老，善良如綿綿長長包裹婚姻瓷器完整的絲縷，似青青翠翠保養婚姻花葉常青的聖水。

剩下的一分，不知判給誰好。機遇、門第、如影形隨的契機、冥冥之中的緣分……都在爭搶終局的發言權。它們都很重要，假如有道判定婚姻幸福的公式，都該羅列其內，在結尾處結結實實占一席之地。但我思索再三，決定將這場婚姻預言的最後因子，留給通常在愛情中故意漠視的金錢。

很世俗，但很實際。貧賤夫妻百事哀，當一生的基本生活需要都沒有保障的時候，我不知家庭幸福的青鳥，可以棲息在哪枝無果的樹上築巢。婚姻裡沉澱著那麼多的柴米醬醋鹽，每一件都與金錢息息相關。我們有許多清高的場合可以不談錢，但家是一個必須坦蕩地經常地反覆地赤裸裸地議論金錢的地方。對金錢的共同掌握和使用方向的通力合作，是家庭木桶防止滲漏的堅實鐵箍。

錢絕不可以太少，男人女人，一定要用自己的雙手，用血汗化作乾淨的金錢，注滿列車正常行駛的油箱。錢多比錢少好，但不要超過雙方卓越

的智力與優良的品格可以控制的範圍，單純的金錢，就像單純的水一樣，不加消毒照料，就會慢慢蒸發消失。只有金錢與善良結合，才是世上很多美好事物的搖籃。

如果我們看到一對男女結成連理的時候，智商均衡，天性互助，多溫柔寬厚之心，也不乏冷靜果決之勇，堅韌友愛，錢不多也不少，顧了溫飽，尚有些微節餘，可以奠定共同事業的起點……那麼無論他們的身材多麼矮弱，相貌多麼平凡，出身多麼低微，情感多麼不善表達，誓言如何稀少輕淡……甚至在外人眼裡他們貧寒寂靜，簡單甚至簡陋，我都有足夠的理由期待，他們會在艱窘中生長出至親至愛的快樂與幸福。

我希望祝福成真。

假如一對新人智差殊異，性格無補，少溫良仁愛的善美，多冷厲森嚴的辣手，錢不是太多就是太少……無論他們身高如何匹配，相貌如何俊美，家世如何淵源，文憑如何耀眼，情感如何纏綿，山盟如何海誓……有多少外在的光環閃爍；也無論青梅竹馬，患難之交，萍水相逢，千里姻緣，弄巧成拙，指腹為婚……有多少內裡的故事流傳，我卻總帶著淒涼的心境，彷彿看到幸福終結的海市蜃樓，在不遠處波光粼粼。哀痛使我無法扮出由衷的微笑。

這一回，但願我看走眼了吧。

第七章　一門長相廝守的學問

第八章
善於當家的巧手女人

## 第八章　善於當家的巧手女人

托爾斯泰說：「幸福的家庭是相似的，不幸的家庭各有各的不幸。」幸福的家庭在哪些方面是相似的呢？托爾斯泰沒有說。也許，有一個好的當家人是幸福家庭的一個共同特徵。尤其是對於年輕的兩口（或三口）之家來說，家庭事務透過舉手表決誰也無法得到「法定」的超過 2/3 的票數，還不如將大權交給其中一人作決策，另一人則全力應付來自家庭之外的壓力與挑戰。

當家看似當官──家庭的最高行政長官，但當這個官其實是一件苦差事，因為當家人是家庭的主人同時也是家庭的僕人。開門七件事，事事得操心；人情來往，得記著管著；鄰里的事，社區的事……事事都要由當家人來操持。作為當家的女人，瘦弱的肩膀上承載著全家人的未來與希望。

俗話說：「當家的人連狗都不喜歡」。說的是在一個家庭裡面，誰是當家的人，誰就最容易成為不受喜歡的人。因為妳當家，便要顧及大局，妳不可能滿足每個家人的要求，並且妳還得去約束他們，而人的本性都不喜歡受別人約束，都喜歡能得到多一些，因此矛盾在所難免。如何平衡家庭的矛盾，讓家庭的輕舟在人生的河道裡一路歡歌笑語平穩行駛，是每一個當家的女人所面臨的一個有關幸福的考驗。

## 美滿家庭離不開好的當家人

愛情終於修成正果，月下卿卿我我的纏綿逐漸變成了柴米油鹽的瑣碎。婚姻的大門一旦開啟，新人們在品嘗甜蜜愛情的同時，不得不面對生活中的一連串的現實問題──

家裡的錢歸誰管？要不要買新房？什麼時候生小孩？生完孩子以後

如何存教育金？如果還房貸、車貸的問題，又該如何解決……

一連串的問題，在婚姻的大幕開啟之後，就擺在年輕的、沒有多少持家經驗的夫妻面前。

國不可一日無主，家也不能沒有一個當家的。否則，兩個來自不同家庭，有著不同家庭背景、成長環境和消費習慣的人，難免在家庭事務上產生分歧，各有各的行為方式，根本無法形成合力，又如何集中精力奔小康？

所謂「當家」的解釋是：主持家事。當然，這個「家事」並非我們日常語境中狹義的「家事」，而是泛指家庭的一切事物，既管事，又管財，還管人，集 CEO（管事）、CFO（管財）、CHO（管人）三大權力於一身。也就是說，主持家事的當家人，是家庭這個單位裡的最高行政長官。

時代的發展，為家庭注入了不少新鮮的元素，例如，家庭 AA 制這一新生事物。家庭 AA 制中的夫妻二人，各人掌管與支配各人的錢財，家庭事務包括家事在內，都一一平均分配。家庭 AA 制也許是一個不錯的「民主」持家模式，但對於在傳統文化中浸淫已久、「中毒」頗深的華人來說，家庭裡有一個當家人，一個主內一個主外，似乎是一種更讓人接受的持家方式，也更有家庭的味道。

曾看過一則故事，說的是古時候一個大戶人家生活優裕，男主人從來都不吃剩飯。但一次連年的大旱讓該大戶人家的倉庫存糧見了底，外面的租糧也因為佃戶顆粒無收而無法兌現，市場上的糧食因為災年連連而有價無市。眼看該大戶家要遭受飢餓了，他們全家卻奇蹟般地吃上了米飯。原來，當家的女主人在往年一直堅持將剩飯瀝乾曝曬好好地保存著，在這時將它們回鍋煮成米飯。雖然味道沒這麼好，但大部分營養還在。這些剩飯，就這樣成了這家人的救命糧。

　　一個當家的女人，就這樣用自己默默的行動，證明了自己的價值。

　　我的朋友劉君，在生意場上幾起幾落，現在終於擁有上千萬的家產。他曾經告訴我：在他最後一次生意失敗後，為了東山再起，整日奔波勞碌在京城的大街小巷。他那時常常要到很晚才回家，但無論是多晚回家，他家的窗戶永遠有一盞守候他的燈，在窗戶裡，永遠有一個等候他的人——他的妻子。即使是在最困難的時候，劉君的妻子也將家庭操持得井井有條。那個被他稱為家的出租房裡散發的溫暖，是劉君打拚與奮進的動力。

　　擁有一個持家有道的當家人，實在是一個家庭的福氣。一個好的當家人，能使小家庭樂意融融，使大家庭井然有序。

# 誰來擔任家庭最高行政長官

　　當家的既管事，又管財，還管人，集 CEO（管事）、CFO（管財）、CHO（管人）三大權力於一身。也就是說，主持家事的當家人，是家庭的最高行政長官。

　　「家庭最高行政長官」看上去是一個不錯的職務，婚後雙方有時免不了都覬覦這個寶座。正值新婚大喜的兩個新人，如果為這個問題而大動干戈實在有傷大雅，也傷感情，於是，聰明的古人想出了不少有趣的解決方法。

　　在中國北方的一些地方，有一個古老的結婚民俗：吃歲歲餃。所謂「歲歲餃」，顧名思義指新人幾歲就吃多少個餃子，外加天一個、地一個（餃子只有大拇指大小）。在結婚當天的凌晨，新郎新娘在各自親戚朋友的公證下開始比賽吃餃子，誰先吃完就由誰當家。據說，為了維護己方選

手的利益，男女雙方的親戚朋友在餃子大賽時，會不停地引誘對方「選手」說話以減緩他（她）吃餃子的速度。

和透過「吃」來選拔人才相比，南方人顯然更加追求速度與力量。南方某些地方的新人在拜堂之後，新郎新娘雙方立即搶先奔入洞房，爭坐在床上，叫做「坐床」。比賽的獎品是：誰先坐到床上，意味著將來誰當家。「坐床」的規矩是男左女右，以正中為界。有心計的新娘往往坐在界線上，但新郎也不甘示弱，盡力把新娘擠到界線外邊。雙方各不相讓，推推擠擠，若假若真，十分有趣。

到底由誰來當家，當然不能靠比食量與力量來「競聘」。再說，這個當家的頭銜也不見得多麼風光（當然也不低賤），當家只是作為一個謀求幸福的家庭的分工需要。男人可以當家，女人也可以當家，一切看誰更適合。

## 當家的人，有什麼不一樣

自古以來，「貧賤夫妻百事哀」，財務上的不健全或對用錢的看法不一，就像定時炸彈，隨時有可能破壞雙方的關係。而苦盡甘來榮華富貴後，勞燕分飛的故事也時有所聞。所以，婚姻關係中必須處理好家庭經濟問題，早一點在對待「錢」的態度上達成共識，總比糊裡糊塗為了錢而爭執甚至分手來得好。

在當家擁有的三項權力中，家庭的「財務長（CFO）」的誘惑似乎最大，也是當家人傾注心力最多的一個職務。

以前，成為一名好當家人的標準是量入而出、勤儉節約、降低風險；而現在，隨著當今家庭收入的持續增高、各種理財工具的此起彼伏，以及

## 第八章　善於當家的巧手女人

低利率和物價持續上漲的壓力，當家理財的內涵也在不斷擴大。可見，時代的發展對當家人的要求更高了，除了傳統的要求，還要有能讓家庭資產保值增值的能力。作為家庭財務長，進則可以讓家庭財產滾雪球般地越聚越多，退則可以保證家庭的正常運轉，其作用不可小瞧。

確定好誰來當家，誰來做整個家庭的財務長，成熟理性地面對雙方的財務狀況，夫妻倆同心協力一起去應對人生當中的不可知與變量，才能實現更為和諧幸福的家庭生活。

一個有 3,000 位網友參與的網路調查表明，在當今的家庭理財模式中，妻子主管財權比丈夫主管財權的家庭多了一倍。看來，女人當家在目前還是屬於「主流」。

男人也許會成為家庭經濟的有力來源，但女人在當家理財上更具優勢。女人當家在目前還是屬於「主流」。那麼，她們究竟有哪些優勢呢？

◆ **精打細算**：通常而言，女人在家庭消費（如購物、買菜）和投資理財（如存款、購買保險、國債、房屋等）方面同樣展現出細心、精明的風格。從家庭的柴米油鹽到婚喪嫁娶，從孩子的教育到父母的養老費安排，從家庭的重大投資到家庭的安全保障等。將有限的錢財發揮出最大的效用才是理財的真諦。她們知道哪個超市的哪種商品最便宜，也樂於花更多的時間與心思找到 CP 值最高的。這是一個財務長的必備素養。

◆ **細水長流**：出於女性對家庭的責任感和日常生活中扮演的操勞角色，她們深知日常花銷猶如細水長流，平時似乎看不見花銷，累計起來卻是一個不小的數目。這決定了她們對於家庭理財最基本的看法：注重平常的儲蓄累積，最常去的地方就是銀行和超市。

- **量入為出**：女人在使用信用卡時，相對男人來說，出現透支的情況要少得多。在投資理財方面，女性量入為出的風格同樣是一道風景線。

- **集思廣益**：女人會願意聽取別人的意見。根據一些銀行的回饋，銀行接觸到的理財諮詢客戶大都是女性，因為她們更願意聽取專家的意見，更容易溝通和接受建議。

- **遠離風險**：女人天性要比男人保守。也許保守不能算是一個優點，但對於一個家庭來說，保守是帶來安穩的最佳途徑。女人對於高收益、高風險的投資，例如，股票、外匯、期貨等，總是不那麼輕易進入，而更傾向於選擇穩健型投資度。

- **時間充裕**：「男主外，女主內」的情形雖然正在量變，但還遠沒有到質變的境地。大多數女人在向外面廣闊的天地擴展時，「主內」這一傳統還在慣性的支配下保留著。而男人依舊在傳統的慣性下努力地在外打拚。因此，相對男人來說，女人有更為充裕的時間與精力來當家。

## 合理運用好家裡的閒錢

在東方，人們非常注重節儉，守住財富的意識比賺錢的意識強。但在西方，人們認為投資比守財更重要。

《伊索寓言》裡有這樣一個故事，某人把金子埋在花園的樹下，每週挖出來陶醉一番。忽然有一天，他的金子被一個賊偷走了，此人痛不欲生。鄰居來看他，當他們了解事情的經過後，問他：「你從沒花過這些錢嗎？」「沒有！我每次只是看看而已。」鄰居便告訴他：「這些錢有和沒有對你來說都是一樣的。」這個寓言告訴人們一個道理：財富閒置等於沒有。財富只有在流動中才能顯示出價值，並能更多更快地創造財富。

## 第八章　善於當家的巧手女人

許多家庭之所以不能致富是因為他們把錢僅僅就當做錢，而不會把錢變成資本，變成生錢的工具。其實，作為資本的錢，是能帶來利潤的錢，是在資本運動中不斷增值的貨幣。稍有財務知識的人都知道，資金是有時間價值的，如果資金閒置，那就是浪費。而且由於通貨膨脹的原因，資金還會貶值，應該要讓錢生錢，讓錢為妳致富服務。

從經濟學的角度看，資金的生命就在於流動。資金只有在進行商品交換時才產生價值，只有在周轉中才產生價值。失去了周轉，不僅不可能增值，而且還失去了存在的價值。如果把資金作為資本，合理地加以利用，那就會賺取更多的錢。

怎樣最大限度地利用好家裡的閒錢，讓閒錢變成一隻會下蛋的母雞，然後雞生蛋、蛋變雞……如此循環反覆，讓家庭的財富達到更大的自由？

妳不理財，財不理妳，何謂「理財」？即運用自己的頭腦，去操縱運用妳所擁有的金錢，讓它運轉起來為妳所用。我們不妨來看一篇摘錄於網絡上的短文——

20歲：「我沒有錢！好不容易自立，況且我想買好多東西，等我工作穩定再說吧。」

30歲：「我現在還沒有錢！全家的開銷和責任，令我喘不過氣來，貸款、生活費、小孩奶粉錢……等我手頭寬裕點再說吧！」

40歲：「我家孩子上中學了，哪來的閒錢？我沒有錢！等孩子成家立業再說吧！」

50歲：「我現在沒有錢！財務規畫和自己想的有出入，孩子又要出國留學，存錢？再說吧！」

60歲：「我真的沒錢！一直想早點退休，但靠什麼吃呢？真希望當初身邊存一筆錢。」

70 歲：「我沒有半點錢，生了病，銀子大把大把往外灑，真是苦了家人、孩子，真後悔當初沒存錢！」

—— 讀完上面的短文，年輕的妳有什麼感想？如果妳不願意有 40 歲的尷尬、50 歲的拮据、60 歲的無奈、70 歲的後悔，請妳立即行動起來。無論如何，想要安度一生，我們需要知道簡便理財的方法，也要知道快速累積財富的途徑，並運用正確的理財來化解疑慮，做好財務管理。

對於某些不懂得理財的人來說，「妳一理財，財就離開妳」。2008 年股市的暴跌，擊碎了多少家庭的「理財夢」。但財還是要理的，什麼都在漲價，即使妳的薪水跟得上物價的上漲，妳也應該為曾經付出心血得來的鈔票負責，不讓其日漸貶值。

當今社會，隨著金融產品的豐富多彩，可供選擇的個人理財工具也日益複雜多樣。對於金融產品相對來說都不太留心對比研究，因此不當的理財思路比比皆是。例如，將所有積蓄存放在銀行裡領低利息，有的則將所有餘錢（甚至借錢）投資股票等。究其原因，在於大多數投資者缺乏適合自身實際情況的綜合理財規劃，以至於無法整體整握存款、證券、保險等多門類理財工具的特點及相互關係。

像一座大廈有建築順序一樣，理財工具的組合遵循如「金字塔」般的先後順序。各項理財工具的風險由上而下遞減，收益由下而上遞增。

一般而言，理財起步於一個由低風險理財工具構成的基礎層。它包括穩定的工作收入、合理的保險保障、適宜的住房條件和充足的現金儲備。在完成了基礎層的建設後，不同個人投資者才結合自身情況，投資於風險更高、收益也更大的理財品種。

對於年輕的小家庭來說，可將每月家庭收入採取「三三三」分配的原則，即 1/3 作為日常開銷；1/3 進行定期定額投資開放式基金；最後 1/3 用

於儲蓄以備不時之需。

總體來說，應該從健康醫療、子女教育、退休養老等三方面為家人做理財規劃。例如，可以參加銀行的教育儲蓄，購買醫療保險。如果參加炒股、買賣外匯等風險性投資，資金不宜超過家庭收入的 1/3；而購買保險，目前比較通用的定律是拿出年薪的 10% 用於繳納每年的保費。

## 家事到底由誰來做

CEO、CFO、CHO 這些令人豔羨的頭銜落在妳的頭上，妳剛一興奮，卻發現自己的手下就老公一個兵，或許有一個孩子，但孩子還不到讓妳當「兵」使喚的年齡。使喚老公？一次兩次或許可以，多了他也不樂意，再說，他在外面打拚太辛苦……

陡然之間，妳明白了當家於妳與其說是面子，不如說是一種責任，一種負擔——一種甜蜜的負擔。妳做官了，卻必須埋首在家庭的瑣碎事務中。

新世紀一個最值得關注的問題是有關男女平等的話題。人類的歷史也由此出現了新的另類文化，尤其是女性為爭取絕對的平等，人類是日趨進步的社會，在進步的過程中不斷地調節自己的生存狀態。我們的祖先是由母系社會開始的，最早的社會由女性統治著，隨著人類的進步，過渡到父系社會，男子在家庭中擁有絕對的權力。過了幾千年，「男女平等」的口號終於在一次人權飛躍的步伐中唱響。

然而男女平等不只表現在對家事的分配上，確切地說，家事分配這樣一個小問題在男女平等的討論上根本就是一個小之又小的問題。

「男主外，女主內」仍是至今最為普遍的夫妻分工模式，婚姻角色分工明顯。丈夫是家庭財務來源的供應者，是提供安全保障的人，妻子則承

擔起家庭管理、養育子女、保持好家庭與親戚之間良好關係的責任。這種夫妻家事分工模式有著明顯的規則，丈夫的「工作角色」被視為他的主要責任，這個責任比其他任何人的任務都顯得重要且優先，而妻子則擁有著「家事管理」的角色。

雖然男主外、女主內型的分工模式也有一點不足之處，但它的優勢還是占主導地位的。這主要在於透過對家庭內務協商分工，一方能更好地將時間和精力放在工作上，不需擔心由於自己過於投入工作或出差外地而無法照顧家庭、照顧老人孩子；而家庭中的「家事管理」一方也能更細緻、周到、全面地照顧家庭中的其他成員，空閒的時候還可以多想想家庭生活方面的創意，為家庭生活創造更多的樂趣與驚喜，提升家庭品質的滿意度。

其實，家庭的幸福取決於夫妻的包容與協作。每個人都應該為家庭貢獻些什麼，只是所扮演的角色不同，分工也不同罷了！又何來不公平之說呢！幸福的家庭都是一樣的！用瑣碎的家事來平靜自己的心，對於工作妳會做得更加順心、得意！

家事，是戀愛時被當做無意義而略去，當妳結婚後突然發現它是有無窮個解的魔鬼方程式。

家事，是做再多也不會有報酬，做再好也不會有獎賞的非情感性的義務付出。

家事，男人常常為了事業捨棄它，並且還以此為自己所謂的事業心多麼強作反襯，有時還假裝傷心狀地說自己欠家裡的太多；而女人為了家事卻常常丟了事業，為家庭所累、所困，忙忙碌碌無所作為。

家事事到底由誰來做？當然最佳的答案是夫妻兩人齊心協力、共同承擔。

　　女人在家庭中負有如此重要的責任和義務，但這並不是說女人就應該為家庭、孩子、丈夫犧牲自己的一切。一個女人，倘若她的全部生活只是孩子和丈夫，即便她把自己熬成湯、燒成灰、變成糞土來培育家庭這塊土地，有時也難取得社會的認可，因而她的結果往往是非常悲哀的。但男人非物，他也是有感情的。說穿了，人的一切行為都是為了肌體的愉悅，當然這包括精神上的快樂和平衡。女人除了對家庭負有責任和義務外，必須保留自己的一塊「淨土」，也就是說，女人必須不斷地提高自己、修飾自己，保留自己的各種愛好，要有自己的好朋友。充分保留自己的獨立人格，這樣的女人將是戰無不勝的！

## 理財宜從單身時做起

　　對於某些愛美的女孩子來說，開銷似乎是一個填不滿的黑洞：化妝品、時裝、包包……她們也許是別人眼裡拿著高薪的白領，是高人一等令人羨慕的角色，但同樣有著自己無法剔除的尷尬與無奈：她們的生活受困於眼前的現實，讓自己缺乏成就感而看不到未來。卡奴、月光族的頭銜，她們在享受時尚、瀟灑與自由時，附帶承擔了那份財務困境中的無力感。或偶爾有餘錢，也斷不願為將來做點預備與籌劃。

　　這樣的女孩子，不要奢望將來成家後情況就會有所好轉。釣個金龜婿？也許吧，但真的很難。對於普通的女孩來說，這種機率和中樂透差不多吧。此外，妳還得承擔金龜婿相對更大的花心、背叛的可能。總之，很難。

　　理財吧，從單身時期就開始。單身時期開始的理財，至少可以帶給妳兩個好處：讓自己在財務上更自由，為將來成家後累積當家理財的經驗。

開源節流永遠是理財的真理。對於單身女孩而言，可以從以下幾個方面來練習。

◆ **定期存款**：要自己設定每個月的理財目標，以此來累積財富。要量入為出，生活支出要盡量控制在薪水收入的 1/3 左右，嚴格控制不必要的支出，有計劃地購買物件，最大限度地進行節流。為自己開個應急準備金的帳戶，然後每個月拿到薪水後就存進去。

◆ **定期定額買基金**：定期定額計畫是指投資者每隔一固定時間（通常是一個月），投資固定金額於固定基金上，不在乎進場點，也不必在意市場價格的起伏。當基金淨值隨市場行情揚升時，固定金額購得的基金單位數會減少，反之同一金額購人的單位數則較多，借此分散購人基金時點，攤平市場高低起伏。當投資者需要資金時，則可贖回整筆或部分資金。對於工作繁忙、生活無規律的單身族，定期定額最大的好處在於起點比較低，而且操作比較簡單。日積月累，每個月小小的支出可以聚沙成塔。長期而言，開放式基金的收益率通常高於銀行定期存款的利率，另外，定期定額的方式還可以將購買基金的風險攤到最低限度，在淨值較低的時候買人較多的份額，在淨值較高的時候買入較少的份額。

◆ **為明天做準備**：妳的明天可能還伴隨著各類的風險，例如，疾病、意外傷害、失業等，雖然只是「可能」，但對單身者而言卻至關重要。尤其是對於那些遠離父母，獨自在外地打拚的女孩子來說，抵禦風險的能力很低。一個必要的方式就是將妳遭遇不測的機率用保險的方式固下來，意外險（疾病險）一就是其中的一種。意外傷害（疾病）一旦發生，妳或者妳的保險受益人就能夠獲得相應的補償，相信多多少少能夠透過物質補償減輕一點精神的痛苦。

　　同時，妳的未來還承載著無數的消費欲望，例如，買房、買車，讓自己生活得更舒適是理所當然的。所以，為了更好的生活品質，從今天開始就應該做好詳實的計畫。妳應該按照自己的年齡、身體狀況、財務實力以及未來的打算為自己準備專項基金、防護性保險，讓妳的單身生活在波瀾不驚中駛向幸福的彼岸。

　　事實表明：在單身時期就開始理財的女孩，成家後能夠迅速地進入當家者的角色，把一個家操持得井井有條。而那些夢想成家後自然就會當家理財的女孩，她們當家理財的本領並不會因為一張結婚證書的到來而瞬間便好，她們還需要在長久的拮据中奮起學習，或者自甘沉淪。

# 第九章
## 答應自己，一定要幸福

## 第九章　答應自己，一定要幸福

就壓力的程度而言，絕大多數情況下職業婦女要比男人壓力大。在以男人為強勢的職場上，女人得努力；在以女人為中心的家庭中，女人需要付出更多……

女人弱小的身軀上責任太大，她們承載了太多。生活之舟是載不動太多的愁的。我們的所有努力，歸根到底只不過是為了追求人生的幸福快樂罷了。那麼，幸福快樂在哪裡呢？

傳說在天堂上的某一天，上帝和天使們召開了一個會議。上帝說：「我要人類在付出一番努力之後才能找到幸福快樂，我們把人生幸福快樂的寶藏藏在什麼地方比較好呢？」

有一位天使說：「把它藏在高山上，這樣人類肯定很難發現，非得付出很多努力不可。」

上帝聽了搖搖頭。

另一位天使說：「把它藏在大海深處，人們一定發現不了。」

上帝聽了還是搖搖頭。

又有一位天使說：「我看哪，還是把幸福快樂的寶藏藏在人類的心中比較好，因為人們總是向外去尋找自己的幸福快樂，而從來沒有人會想到在自己身上去挖掘這幸福快樂的寶藏。」

上帝對這個答案非常滿意。從此，這幸福快樂的寶藏就藏在了每個人的心中。上帝把幸福與快樂的寶藏藏在人的心中，而一些人卻總是向外去尋找自己的幸福與快樂。

一個獨立的、智慧的女人，還不能為幸福打下包票。妳還需要一個良好的心態與個性。要快樂，要開朗，要堅韌，要溫暖。要相信真情、美好、信任、尊嚴、堅強這些老掉牙的詞彙，不要頹廢、空虛、迷茫、放縱、糟踐自己。

# 快樂就在我們身邊

　　一匹的老馬失去了老伴，身邊只有唯一的兒子和自己在一起生活。老馬十分疼愛兒子，把牠帶到一片草地撫養，那裡有流水，有花卉，還有誘人的綠蔭。總之，那裡具備幸福生活所需的一切。

　　但小馬駒根本不把這種幸福的生活放在眼裡，每天濫啃三葉草，在鮮花遍地的原野上浪費時光，毫無目的地東奔西跑，沒事就沐浴洗澡，沒感到疲勞就睡大頭覺。

　　這匹又懶又胖的小馬駒對這樣的生活逐漸厭煩了，逐漸對這片美麗的草地產生反感。牠對父親說：「我的身體最近很不舒服，這片草地不乾淨，傷害了我；這些三葉草沒有香味；這裡的水中帶泥沙；我們在這裡呼吸的空氣刺激了我的肺。除非我們離開這裡，不然我就要死了。」

　　「我親愛的兒子，既然這攸關你的生命，」牠的父親答道，「那我們就馬上離開這裡。」牠們說完就做 —— 父子倆立刻出發去尋找一個新的家。

　　小馬駒聽說出去旅行，高興得嘶叫起來，而老馬卻不那麼快樂，只是安詳地走著，在前面領路。牠讓牠的孩子爬上陡峭而荒蕪的高山，那山上沒有牧草，就連可以一點充飢的東西也沒有。

　　天快黑了，仍然沒有牧草，父子倆只好餓著肚子躺下睡覺。第二天，牠們幾乎餓得筋疲力盡了，即便只能吃到長不高且帶刺的灌木叢，但牠們心裡已感到知足。現在小馬駒不再奔跑了，又過了兩天，牠們幾乎邁了前腿就拖不動後腿了。

　　老馬心想，現在給牠的教訓已經足夠了，就趁黑把兒子偷偷帶回原來的草地。馬駒一發現嫩草，就急忙地去吃。

　　「啊！這是多麼絕妙的美味啊！多麼好的綠草呀！」小馬駒高興地跳

了起來，「哪裡來的這麼甜這麼嫩的東西？父親，我們不要再往前去找了，也別回家了——讓我們永遠留在這個可愛的地方吧，我們就在這裡安家吧，哪個地方能跟這裡相比呀！」

小馬駒這樣說，而牠的父親也答應了牠的請求。天亮了，小馬駒突然認出了這個地方原來就是幾天前牠離開的那片草地。牠垂下了眼睛，非常羞愧。

老馬溫和地對小馬駒說：「我親愛的孩子，要記住這句格言：幸福其實就在你的眼前。」

熟悉的地方沒風景，僕人的眼裡沒偉人。太多的美好與幸福，往往令沉浸在其中的人們覺察不到。曾經在報上看過一幅名為「福在哪裡」的漫畫，畫上畫著一個大大的「福」字，一個人站在「福」字的「口」中向外張望，嘴裡問：「福在哪裡？」福在哪裡呢？他真是身在福中不知福啊。

懂得體會快樂與幸福的女人穿上職業裝，健步走著去公司上班，隨著樹上蟬鳴和小鳥的歌唱，來到自己最熟悉的工作崗位，開始了緊張忙碌而有序的工作，認真地檢查、驗收……和同事們研究工作中存在的問題，偶爾和同事們開個玩笑，調節一下氣氛。在這和諧的人際關係中，要讓快樂其樂無窮。面對和善的友情，整個世界都變得是那麼溫情，每個人都生活得幸福充實而豐富多彩。工作完了，品一下手邊的茗茶，瀏覽一下當天的報紙、雜誌，上午的工作在快樂中就這樣結束了。

下班回到溫暖的家裡，她走進美味的廚房，親自動手精心做上幾個老人、另一半和孩子都喜歡吃的拿手好菜，細細品味一下廚房的生活。

下午閒暇時，打開電腦，看著新聞、美文，再放首自己喜愛的歌曲，享受一下音樂帶來的悠然自得。然後再上網，結識一些新朋友，再和老朋友敘敘舊，互相交流一下自己的心事，共同分享網絡帶來的樂趣。在網友

的陪伴下共同感受網絡裡的幸福、悲苦、平淡、詩意和浪漫真情，從中體驗生活的韻律。

晚上，和自己心愛的人一起出去悠閒地散步，牽牽手，談談心，在平淡的生活中發現情趣、激發靈感、攜手並進。用心去感受生活中動人的底蘊，品味大自然帶來的恩賜，品味生活帶來的韻味，品味人生的完美。世界沒有改變，改變的是自己的心情，每天給自己一個微笑，開心就好。

做一個瀟灑、健康、快樂的女人，感悟生活中的一切，體驗來自大自然的美，讓這顆平常心時刻沐浴著陽光，享受著生活的每一天，在陽光中體驗做女人的瀟灑。

做一個快樂的女人，學會體驗生活、感悟生活，妳會發現生活是五彩繽紛、絢麗多彩的。

# 擁有一顆平常之心

愈來愈大的壓力困擾著現代女性。競爭、貧窮、疾病以及婚姻的失敗紛至沓來時，美麗的容顏漸漸地憔悴、晦暗，心也趨於冷漠、疲憊。人生四季，心頭濾不完的是煩惱和憂愁，腳步略不去的是艱辛和傷痛。寒天冷月、酷暑烈日，女人拿什麼滋潤自己的心靈？又如何跨越苦難和挫折，使妳的精神家園依舊溫馨如春呢？

其實，生活究竟是天堂還是地獄，很大程度上是看妳用什麼心態去面對。樂而忘憂，用一顆平常心去滋潤自己的心靈，知足而常樂，去創造幸福。平常心其實並非什麼深不可測的學問，也不是什麼玄機奇妙的東西，它只是平凡人的平常心而已，也就是說看花是花，看山是山，吃飯時吃飯，睡覺時睡覺。看似簡單，做起來卻不是那麼容易，皆因人心太複雜

了。世上本無事，庸人自擾之。人們總是喜歡自尋煩惱，辦公室裡的是非糾紛往往就是由此而起。如果一味地計較個人得失，玩權弄術，損人利己，最終只能是自食其果。

用平常心去看待工作，就如參加一場足球比賽，它有著自身的遊戲規則。我們的責任是按照規則行事，從中尋求最為有效、最具智慧的方法來達到目標。而其他人是我們的團隊夥伴，我們彼此合作去打贏一場比賽。在這個過程之中，我們只需努力去做好自己的工作就行了。

擁有一顆平常心就可以看清很多人和事的本來面目，使我們更加重視工作，全身心地投入工作之中，那樣妳就會活得很開心，活得很精彩。擁有平常心，人會變得滿面春風，因為人生是充滿風雨坎坷的艱難歷程，只有平凡的人才不會被無常的人生苦難所擊敗。擁有平常心的人，心如靜水，把人生之路上的荊棘看得平平淡淡。擁有一顆平常心，煩惱也會被拋到九霄雲外，而快樂則會如影隨形。

擁有平常心，不是消極，不是懦弱，也不是冷漠，而是真正明白人生的真諦，活出一個真實的妳！

不要抱怨運氣欠佳，不要抱怨成功沒有降臨到妳的頭上，更不要抱怨生活對妳多麼不公。在妳經過的路上，不是每一天都會陽光燦爛，也不是每一次跌倒都有溫暖相扶的手。不是所有的付出都有回報，也不是所有的夢想都能成真，這就需要以一顆平常心去面對生活。因為生活裡那些眾所周知的事實是用來觀看的，而人所不知的事實才是我們走過平常日子所要面對的。生活對每個人都是公正的，它在這方面沒有青睞妳，而在另一方面卻會補償妳，所以，妳無須抱怨。擁有一顆平常心，坦然地面對一切，又何妨？

擁有一顆平常心，成功也會多一分。其實，得與失都是暫時的，是會

在每時每刻隨時機和奮鬥而改變的。當然，並非每一件事都要做得天衣無縫。要知道世界上「人無完人」，即使再出色的人，也達不到完美的境地。太陽如此明亮，不也有黑子嗎？月亮如此皎潔，又奈何烏雲遮月呢？如果用別人的優點來比自己的不足，妳就失去了快樂。快樂不在於得到什麼，而在於追求的過程！只要妳問心無愧地去做，又何必在乎別人怎麼看呢？在那漫長而又辛苦的奮鬥過程中，難得的是始終擁有一顆平常心，也就是所謂的「任憑風浪起，穩坐釣魚船」透露出的那種佛家禪意。

每個人頭頂上都有自己的一片天空，每片天空上都有變幻莫測的雲。在這變化無常的天氣中，妳更需要擁有一顆平常心。

擁有一顆平常心，妳就擁有了真善美；擁有一顆平常心，妳就擁有了生活的饋贈；擁有一顆平常心，妳就擁有了幸福的人生；擁有一顆平常心，妳才能在不經意間攫取生活的閃光處，去裝點妳的人生，使之變得更加美麗。須知「平平淡淡從從容容才是真」。擁有一顆平常心，可以從容地面對生活，面對一切！

無論妳是美麗或平常，去發現生活中的美，並欣賞美，把妳的精神家園裝扮得姹紫嫣紅充滿生機吧。活也灑脫，笑也燦爛，讓我們做一個快樂的女人吧！

## 只要妳覺得好就行

有位非常沒主見的女人，正在煩惱該穿哪一套衣服參加晚宴。於是，她找了兩位朋友一起商討。

一位朋友說：「我的先生頭髮白，所以我會穿白色禮服赴宴，這樣比較搭配。」

## 第九章　答應自己，一定要幸福

另一位朋友說：「我想我會穿黑色的去，因為我先生的頭髮還很黑。」

「糟糕！那我該怎麼辦呢？」這個女人面有難色地說。「我先生是禿頭，難道我要光著身子去赴宴？！」

這雖是一則笑話，但也引人深思。我們常會問：「我該怎麼做？」卻很少問：「什麼才是我想做的？」

妳想穿某件衣服，做某個選擇，難道不是為了使自己舒服、高興而決定的嗎？

這就像去餐廳點菜一樣，妳必須根據自己的口味及胃口來決定菜單，別人的喜好並不等於妳的，也無法代替妳的決定，對不對？

整天為別人而活的人，不累死也會煩惱死。

有天下午，周豔正在彈鋼琴，7歲的兒子走了進來。他聽了一會說：「媽，妳彈得不怎麼動聽！」

不錯，是不怎麼動聽，甚至任何認真學琴的人聽到她的演奏都會退避三舍，不過周豔並不在乎。多年來周豔一直就這樣不動聽地彈著。她彈得很高興。

周豔也曾熱衷於不動聽的歌唱和不耐看的繪畫，從前還自得其樂於不高明的縫紉。周豔在這些方面的能力不強，但她不以為恥，因為她不是為他人而活著，她認為自己有一兩樣東西做得不錯就足夠了。

生活中的我們常常很在意自己在別人的眼裡的形象。因此，為了留給他人比較好的印象，我們總是事事都要爭取做到最好，時時都要顯得比別人高明。在這種妒忌與攀比心理的驅使下，人們往往把自己推上了一個永不停歇的痛苦循環。

事實上，人生活在這個世界上，並不是一定要壓倒他人，也不是為了他人而活著。人活在世界上，所追求的應該是自我價值的實現以及對自我

的珍惜。不過值得注意的是，一個人是否能實現自我，並不在於妳比他人優秀多少，而在於妳在精神上能否得到幸福和滿足。只要妳能夠得到他人所沒有的幸福，那麼即使表現得不出眾也沒有什麼。在這方面，許多人都應向周豔學習。

# 今天是個好日子

客廳中一個巨大的掛鐘滴答滴答地在響著。在一個夜裡，突然聽到一陣啜泣聲，於是客廳的家具們到處尋找聲音的來源，原來是秒針在啜泣。

秒針哭著說：「我好命苦啊！每當我跑一圈時，長針才走一步，我跑 60 圈時短針才走 5 步。一天我需要跑 1,440 圈，一星期有 7 天，一個月有 30 天，一年有 365 天……我如此瘦弱，卻需要分分秒秒地跑下去，我怎麼跑得動呢？我辦不到。」

旁邊的檯燈安慰它說：「不要去想還沒來到的事情，你只須按本分一步一步地往前走，你將會走得輕鬆愉快。」

一個阿拉伯人為了完成他趕駱駝運貨的任務，一路上愁眉苦臉。駱駝問他：「你又為什麼事情而不開心呢？」

阿拉伯人回答：「我在想，如果跋山涉水，你將難以勝任這些旅程啊。」

駱駝問他：「你為什麼要擔心我呢？難道我不是號稱『沙漠之舟』的駱駝嗎？難道是通過沙漠的坦途被封閉了嗎？」

「人無遠慮，必有近憂」。在華人文化傳統中，好像很鼓勵那種「杞人式」的憂慮，大至憂國憂民，小至衣食住行，幾乎讓每個人都過度地把現在寶貴的一切都耗費在對未來的憂慮上。而女人因為心思縝密，所以相

對男人來說更喜歡為明天擔憂，或者為昨天後悔。

事實上，憂慮一點也不能使事物圓滿，它反而會使人無法更有效地處理現在的一切，因為憂慮可以說是非理性的，而所憂慮的人和事又多半是無法控制與掌握的。妳固然可以永無止境地憂慮，因為思考是妳做人的根本。妳可以憂慮戰爭、經濟、生病等，可是憂慮並不能為妳帶來快樂、繁榮或者健康。妳畢竟不是一個超人，無法控制萬事萬物。而且，那些妳常常所擔憂的災難真的一旦發生時，並不見得像妳想像的那麼可怕與不可控。

《聖經》中有這樣一句話：「不要煩惱明天的事，因為你還有今天的事要煩惱。」這是一句隱含大智慧的話，卻不是容易做到的。

一個春日的下午，李娟決定到郊外的森林裡走走，讓自己沉浸於大自然之中，享受一下和煦春風中的花香。可是到了森林裡，她好像失落了什麼東西，她的思緒開始遊蕩不定。她想起了家裡要做的各種事情：上幼兒園的孩子快要放學了，婆婆不知道會不會記得準時去接？家裡還要買菜，房間還沒打掃，現在不知怎麼樣了？

人在郊外心卻在家裡。這樣的「顧家」女性著實可敬。只是，現實的時光就這樣在焦慮和擔憂中流逝了。她既沒有享受到美好的自然環境，她的思慮也沒有讓她接下來要做的事有任何幫助。

周太太好不容易得到了一個到海島去度假的機會，於是她每天都到海邊曬太陽，但她不是為了感受那在清新涼爽的海邊被海風吹拂、陽光照射的樂趣，而是猜想自己度假回家之後，當朋友們看到她那紅裡透黑的皮膚時會說些什麼。她的思緒總是集中於將來的某一時刻，而當這一時刻到來時，她又惋惜自己不能感受在海濱曬太陽的愉悅了。

有一位終其一生都在擔憂後悔的女士，在她 50 歲時，丈夫突然腦梗

塞被送進了醫院急救。最初的日子裡，她整天所想的就是以往她因為各式各樣的擔憂和丈夫吵架的事，後悔自己氣頭上說過的每一句話和做過的每一件事。當丈夫陷入深度昏迷後，她又開始為以後的孤獨日子擔憂，不知該如何處理丈夫的用品，不知自己是否還會再擁有家庭。後來，她的丈夫去世了，她又開始後悔在那些最後的日子裡沒有趁丈夫清醒時再多和他說幾句話，問問他還有些什麼願望和要求；沒有在丈夫昏迷時多在他身邊呼喚他，也許親人的呼喚會使丈夫的生命煥發出奇蹟。過了許多年，她也去世了，她的兒子回憶說，「在我母親的一生中沒有一個真正的今天。」

「年年是好年，日日是好日」，這句話說的是人在一生當中，要全力以赴、持之以恆、堅持不懈，同時也要能無所偏執、實事求是，坦然面對人生，不可為一時的利害得失而處心積慮、到處鑽營。面對人生的起伏，重要的是化新的一年為美好的一年，化新的一天為美好的一天。

每天當我們結束工作時，就應該讓它成為往事忘記，因為過去的光陰不能再追回來。雖然我們難保一天所做不會有錯誤或蠢事，但是事情已經過去，一味地追悔只能貽誤迎接明天的到來，而成為下一個令人追悔的蠢事。今天就握在我們手中，這是一個新日子，它好像人生日記本裡的空白一頁，任由我們去寫。我們所要做的就是燃起生命的熱情，激發心中的希望，傾注全力做好每一件事，享受每一個今天。

# 卸下完美的累贅

一位漂亮的女孩想找一個這樣的丈夫：年輕瀟灑，身體健康，溫文爾雅，既浪漫，又不濫情；還希望他多金，有個好門第；再加上聰明機智……總之要十全十美。

## 第九章 答應自己，一定要幸福

　　許多顯貴的求婚人接踵而至，美人覺得都不理想。有的太胖，有的太瘦，有的毫無風趣，還有的過於輕佻。這個這裡有毛病，那個那裡有缺點，總之全都不行。

　　「我怎麼能嫁給這些人？他們的樣子太普通了，都不是我要的人。」

　　40年過去了，美麗的女孩變成了一個風燭殘年的老太婆，卻還在不停地尋找一個完美的男人。

　　有人問他：「老奶奶，這麼多年了，妳還沒有看上一個稱心如意的？」

　　老太婆說：「看上過一個。」

　　「那妳為什麼不嫁給他？」

　　「唉，他要找一個完美的女人。」老太婆痛惜地說。

　　這就是一個完美主義者一生的尷尬。完美主義者本身絕不會完美，卻要求這個世界完美。這樣不切實際的完美是一種病毒，會毀壞人生的樂趣與幸福感。

　　有一個小故事，講的是有個圓被切去了很大的一塊三角，它想讓自己恢復完整，沒有任何殘缺，於是四處尋覓失落的部分。因為它殘缺不全，只能慢慢滾動，所以能在路上欣賞野花，能和毛毛蟲聊天，享受陽光。它找到各種不同的碎片，但都不適合，所以只能把它們留在路邊，繼續往前尋找。

　　有一天，這殘缺的圓找到了一塊非常適合的碎片，開心得很。把它胡亂地拼上，開始滾動。現在它是完整的圓了，能滾得很快，但它卻發覺因為滾動太快，看到的世界好像完全不同。於是，它停止了滾動，把補上的碎片丟在路旁，又慢慢地滾走了。

　　人往往在有所失去的時候，格外盼望能夠恢復完整。其實，心中滿懷希望和期待並不糟，它會讓妳懂得珍惜和感恩，使妳受益一生。

能意識到自己有種種遺憾，勇於放棄不切實際的夢想而坦然的人，可以說是完整的。

我們每一個人的人生都會有或多或少的不足，如能同殘缺之圓那樣繼續在人生之途滾動並細品沿途滋味，就能達到完整。這就是生命所能賦予我們的：不求事事如願，但求問心無愧。

古語云：甘瓜苦蒂，物不全美。從理念上講，人們大都承認「金無足赤，人無完人」。

正如世界上沒有十全十美的東西一樣，世界上也不存在神通廣大的完人。在認知自我，看待別人的具體問題上，許多人仍然習慣於追求完美，求全責備，對自己要求樣樣都是，對別人也全面衡量。

難道那些偉人、名人果真那麼十全十美、無可挑剔嗎？絕非如此。任何人總有其優點和缺點兩個方面。

美國大發明家愛迪生有過 1,000 多項發明，被譽為「發明大王」，但他在晚年卻固執地反對交流電，一味地主張直流電。

電影藝術大師卓別林創造了生動而深刻的喜劇形象，但他卻極力反對有聲電影。

人是可以認知自己、掌握自我的，人的自信不僅是相信自己有能力和價值，同時也認知到自己有缺點和毛病。我們不苛求完美，因為我們每個人的兩面性是不易改變的。所以，我們應該保持這樣一種心態，我知道自己的長處、優點，也知道自己的短處、缺點，我深知自己的潛能和心願，也看到了自己的困難和局限。人類永遠具有靈與肉、好與壞、真與偽、絢爛與孤獨、堅定與猶疑等兩面性。

自我包容的人能夠實事求是地看自己，也能夠正確理解和看待別人的兩重性，這樣就會拋棄驕傲自大、清高孤僻、魯莽草率之類導致失敗的弱

點。我們以這種自我認知、相互包容的觀念意識付諸行動，就能從自身條件不足和不利環境的局限中解脫出來，不必藏拙，不怕露怯。即使明知在某方面不如別人，只要是自己想做的事，也會果敢行動。因為任何一個人只有經過跌跌撞撞，爬起來再來，才能學會諸多本領和技能。

任何人都有缺點和弱點，任何人也都有無知和無能的方面，只不過表現在不同的事情上而已。因而，人人在自我表現和與人交際中都會有「出醜」的表現。有些人由於不能實事求是地對待自己的缺點，拿出勇氣去革新和突破自己，於是他們情願不做事、不講話、不交際，也不願意在別人面前暴露自己的弱點。在燈光燦爛、樂曲悠揚的宴會廳裡，他們很想站起來跳舞，可是怕別人笑自己舞技拙劣，寧願做一晚上的旁觀者。跳得好的人越多，觀眾越多，他們就越鼓不起勇氣。

美國著名的管理學家在書中寫道：若要所有的人沒有短處，其結果最多是形成一個平庸的結構。所謂「樣樣都是」，必然「一無是處」。才能越高的人，其缺點往往也越明顯，有高峰必有深谷。

誰都不可能十全十美，與人類現有的知識、經驗、能力的彙集相比，任何偉大的天才都不及格。一位經營者如果只能見人之所短而不能見人之所長，從而刻意於挑其短而不是著眼於其長，這樣的經營者本身就是弱者。有些人搞不清楚為什麼要放棄完美。他們認為不追求完美將達不到理想的目標。這只是一種慣性思維，事實上，大多數時候，我們只有放棄完美，才能樹立起自信自愛的意識，才能真正了解和確立自己的價值、選擇和追求。

# 坦然面對得與失

　　妳是否注意過，痛苦是怎麼來的，什麼樣的情況讓妳覺得鬱悶不樂呢？是不是妳想要得到某些東西，但卻得不到，於是妳憤恨、嫉妒、氣急敗壞？抑或是妳不想失去什麼，卻偏偏失去，於是妳變得沮喪、挫折、怨天尤人？妳既擔心得不到所要的東西，又害怕失去自己所擁有的。得失之間，內心忐忑，心豈能不苦？

　　其實，任何事物都是一樣 —— 有得必有失，有失必有得，得失都是相對的。當妳失去某些東西，就會得到另一些東西；當妳想要得到某種東西時，妳也會失去另一種東西。

　　一對經常拌嘴的夫妻，有天一起出遊，經過一個小湖。太太看到湖上兩隻鵝恩愛地依偎在一起，就感慨地說：「你看，牠們多恩愛呀！」

　　丈夫聽了，默不作聲。

　　到了下午，這對夫妻回家時，又經過那小湖，依然看見公鵝、母鵝在湖面上卿卿我我，真是令人羨慕！

　　此時，妻子又開口了：「妳要是能像那只公鵝一樣體貼溫柔，那就好了。」

　　「是啊！我也希望如此啊！」先生指著湖面上的那一對鵝說：「不過，妳有沒有看清楚，現在那只母鵝，並不是早上那一隻哦！」

　　俗話說：「有一好，就沒兩好。」蠟燭不可能兩頭燒，甘蔗不可能兩頭甜。當妳找了一個會持家的人，他對妳也可能精打細算；而當妳找一個懂得浪漫情趣的人，他也可能對別人浪漫體貼。

　　得失是很難有定論的。曾聽過一則故事 ——

　　有一個官員到一家精神病院參觀，院裡的護理長逐一地向他解說每一

位病患的狀況。有一位病人手中握著一張照片，一邊哭一邊用頭撞牆壁。

官員問：「這個人怎麼啦？他發生了什麼事？」

護理長說：「他以前曾深愛過一個女人 —— 就是他手裡一直握著的那張照片上的女人，不論醒著或睡時，都不肯將照片放下。但是那女人卻嫁給別人，所以他才會發瘋。」

官員說：「真是令人感傷的故事。」

這時隔壁房間有一個人正用頭用力撞牆。官員問：「天啊！他又怎麼了？」

護理長說：「他就是娶了那個女人的人！他一直想自殺，所以就被送進了瘋人院。」

真可謂「得未必得，失未必失」，不是嗎？

任何事物皆有「互為因果」的關係。今天某件看起來「得」的事物，可能已經種下明天另一件事物「失」的因子。相對來說，明日之「失」也可能是後日之「得」。

例如，今天有人中了大獎，或升了官，發了財，看來是件值得歡喜的事；然而，誰曉得這種種幸運會成為明天種種悲苦的因緣？譬如說，就因為有了錢，引來盜匪的覬覦，甚至釀成殺身之禍；或是因為有了錢，投資更多的金錢，到最後反而弄得血本無歸，家破人亡。

然而，生活中不凡有人看不透澈，想不明白。那些自以為精明的女人最容易患得患失。患得患失的女人不僅為失而痛苦，還會為得而憂慮。失去了金龜婿會痛苦，而得到了黃金單身漢也未必開心得起來，她們會為如何保住自己的地位而憂慮傷神。這種人處心積慮、挖空心思，整天生活在這樣的心態之中，即使是權傾天下、富可敵國，又有什麼生活的品質？

人一旦想通了，再遇上什麼得失就會不怎麼放在心頭了。民國時期著

名的新月派詩人徐志摩曾說：「我將於茫茫人海中訪我唯一靈魂的伴侶，得之，我幸；不得，我命。如此而已。」這是他在追求陸小曼時說的話。他得到了陸小曼，但為了滿足陸奢靡的生活，他頻繁地往來於南北授課，最後將自己34歲的生命獻給碧藍的天空——他死於1931年的飛機失事。他終於輕輕地從陸小曼的身邊走了，正如他輕輕地來，他輕輕地揮手，沒有帶走陸小曼身邊的一朵雲彩。

在晚明陳繼儒的《小窗幽記》裡有一句這樣的話：寵辱不驚，閒看庭前花開花落；去留無意，漫觀天上雲卷雲舒。一個人要是能夠做到「寵辱不驚，去留無意」的境界，那麼就沒有事物能絆住他的腳，拴住他的心。而唐朝的女皇武則天，死後立一塊無字碑。武則天的無字碑中，透露出了大智大慧、大覺大悟的睿智。她開天闢地、以女流之輩坐南朝北，一手殺親子、誅功臣，一手不拘一格用人才、盡心盡力治國家。榮辱相伴相生，莫一而衷。既然如此，何必學他人為自己立下洋洋灑灑的功德碑？不如糊塗一點，千秋功過，留與後人評說。一字不著，盡得風流。

## 生活是一面鏡子

事實上，人的注意力是有限的。當妳在注意一件事情的時候，妳就注意不到其他事情。所以，從抑鬱中擺脫出來的方法並不複雜。只要妳腦海中的「電影」改變了，妳就不要再在腦海裡放妳不喜歡的電影了，而去放一部新的、喜歡的電影，就很容易改變這種情況。

讓我們來看一個發生在非洲的故事。有位探險家到非洲一個尚未開發的地區去，他隨身帶了些小飾物要送給當地的土著，禮物當中還包括了兩面能照全身的鏡子。探險家把這兩面鏡子分別靠在兩棵樹旁，然後席地而

坐，與隨行的人商議探險的事。這時，有個土著手持長矛走了過來，他望見鏡子，並從中看到了他自己的影子，他立刻對著鏡裡的影子刺了過去，就像那是個真人一樣，他發動各種攻勢要置鏡中人於死地，當然，鏡子當場粉碎。

這時，探險者走了過來，問他為什麼要打破鏡子？土著人答道：「他要殺我，我就先殺死他。」探險家告訴他鏡子不是這麼用的，說著把土著人帶到另一面鏡子前，示範道：「你看，鏡子這個東西可以用來看看頭髮有沒有梳整齊，看看臉上的油彩塗得好不好，看看自己的身體有多麼魁梧強壯！」

土著驚嘆道：「哇，我不知道。」

英國作家薩克雷（William Makepeace Thackeray）有句名言：「生活是一面鏡子，妳對它笑，它就對妳笑；妳對他哭，它也對妳哭。」確實，不管妳生活中有哪些不幸和挫折，妳都應以歡悅的態度微笑著對待生活。

下面介紹幾條技巧，只要妳反覆地認真試行，就能消除或減輕妳心中的痛苦與煩惱。

- **遇事要多朝好的方向想**：有時變得焦躁不安是由於碰到自己所無法控制的局面。此時，妳應承認現實，然後設法創造條件，使之向著有利的方向轉化。此外，還可以把思路轉向別的什麼事上，諸如回憶一段令人愉快的往事。

- **不要把眼睛盯在「傷口」上**：如果某些煩惱的事已經發生，妳就應該正視它，並努力尋找解決的辦法。如果這件事已經過去，那就拋棄它，不要把它留在記憶裡。尤其是別人對妳的不友好態度，千萬不要念念不忘，更不要認為「我總是被人曲解和欺負」。當然，有些不順心的事，適當地向親人或朋友吐露也可以減輕煩惱造成的壓力，這樣心情可能會好受些。

◆ **要意識到自己是幸福的**：有些想不開的人在煩惱襲來時，總覺得自己是天底下最不幸的人，誰都比自己強，其實，事情並不完全是這樣。也許妳在某方面是不幸的，而在其他方面依然是很幸運的。如上帝把某人塑造成矮子，但卻給他一個十分聰穎的大腦。請記住一句風趣的話：「我在遇到沒有雙足的人之前，一直為自己沒有鞋而感到不幸。」生活就是這樣捉弄人，但又充滿著幽默之味，想到這些，妳也許會感到輕鬆和愉快。

# 第九章　答應自己，一定要幸福

# 第十章
## 女人三十，優雅熟透

少女的任性已被歲月磨礪得銷蝕了色彩，調皮的嬉鬧已悄悄地沉澱為舉手投足的優雅。青春的盛氣逐漸淬火，雍容、高貴、優雅、細膩、溫馨、精緻、智慧、性感在 30 歲女人的身上集合，衍生出一種前所未有的成熟的女人味。花季已過，凋謝尚早，30 歲的女人，如一枚枚成熟的水蜜桃掛在枝頭。性感的身段與平和的心態，替她們招來無數豔羨的目光。

經過 30 年修練的女人，與不知天高地厚、張牙舞爪的小女生相比，有著更爐火純青的可怕的殺傷力。她們紅顏於外，香韻於內。30 歲的女人成熟而不蒼老，歲月的流水帶走的是張揚的稜角和起落的塵埃，卻留下了洞察世情後不動聲色的冰雪聰明。在她們從容優雅的舉止中，不經意地散發出成熟女人特有的性感和芬芳。這是一種由內到外散發的芬芳，從心靈深處源源溢出，芳香而不撲鼻。誰說女人 30 豆腐渣 ？ 30 歲的女人，簡直就是上帝精心打造的尤物 ！

# 人生的黃金時代

如果說二十幾歲是花期，那麼 30 歲就是果實成熟期。青春的單純懵懂是一個必要的經歷和不可逃避的過程，而歲月的累積逐漸讓女人充實、豐盈，散發出獨特的韻味。

30 歲的女人，更懂得如何去呵護、愛惜自己的身體。同時也擁有了獨特的氣質，它是水到渠成的積澱，是需要內涵做支撐的，不是一味地模仿，而是自然地流露。在經濟上她們能夠獨立，心智、知識、年齡更加趨於成熟，能和男人一起去分擔生活中的風雨。職業的獨立讓她們有條件去掌握婚姻和情感的方向，更有能力和男人平等共存。女人在擁有自己的工作和獨立的生活時，會散發出那種叫做「個性」的成熟魅力。對於男人來

說，那是一盞溫柔的征服，一種默默的滲透，一種無聲勝有聲的打動。

青春的花開花落使女人疲憊，四季的風花雪月讓女人不堪憔悴，世事的紛亂，滾滾紅塵，磨礪著女人細膩柔軟的心。邁過了30歲的人生，開始慢慢步出熱烈、燦爛的青春季節，歲月不只是刻在女人臉上，更沉澱在女人的心裡，這時的女人被淡然、從容、柔和的氛圍所包圍，淡淡的風、淡淡的雲伴隨的是淡淡的夢，從容淡定的女人總是笑看人生。雖然她們不再年輕，也許容貌也刻上了歲月的印痕，但自信堅強的女人不會懼怕歲月在她們臉上走過的軌跡；也許病痛已經在折磨著她們的健康；或許世態炎涼已把她們年輕時的夢打碎，但她們永遠不會灰心。人生路上，她們仍會以矯健的步伐勇往直前，把歡樂和笑聲傳遞給他人，她們是生活中的強者，也是最具人格魅力、最美麗的女人。

從容淡定的女人總是微笑著面對生活，面對環境，她不為日常瑣事而計較，不為生活的壓力而焦慮，不為現代人的兒女情長而煩惱憂鬱。失意之時，她用筆記潮起潮落的心緒，寄給遠方的親友一同勉勵；挫折面前，她告誡自己要重新振作，適應新的環境；苦難面前，她命令自己跨過溝坎，去擁抱新一輪的太陽。

30歲的如花歲月，從容、優雅地漫步在人生的黃金時代，體驗著由這獨特的年紀所帶來的自信、自立、積極進取、快樂與活力、愛與被愛等諸多幸福的感受。當然，30歲這個年齡，和其他任何年齡段一樣，只是個符號，沒有什麼特別重大的意義，然而也正如每個年齡都有它獨具特色的優勢一樣，30歲的女人所體驗到的生命實質的確韻味無窮。所以，無論妳是否將要、已經或者正在經歷30歲，對於這個特別的年紀，我們都要留下自己的一些記憶。30歲，我們懂得了做女人的滋味。

# 她們美得一塌糊塗

在不經意之中，「女孩」的稱呼離妳遠去了，「女人」這個稱呼卻已悄悄地接近……歲月的刀在妳生命的年輪上刻下了 30 個圓圈，妳無可奈何地發現：妳已經站在青春之河的岸邊，河裡很多靚麗光鮮的女孩在歡快而又驕傲地展示著各自的風采；而妳卻只能靜靜地站在岸邊。

妳站在岸邊，傷感著青春，緬懷著純真，品味著青春即逝的失落；妳站在岸邊，脫去青澀的外衣，穿上成熟的盛裝。

經歷過青春的夢幻，現實的磨煉，在不經意中，女人悄悄地邁進了 30 歲的門檻，從此告別青春時代，優雅而韻味十足地熟透著。她們溫情依舊，憧憬依舊，忙碌依舊。30 歲的女人懂得付出，懂得拒絕，懂得經營，懂得感受，懂得在心底默默封存一些不肯輕易翻閱的日記。神態裡少了幾分矯情，多了些從容。

她們身後是成長過程中艱難跋涉的腳印，前方是坎坷莫測的征程。幻想著一天天褪色，她們開始知道天有多高、地有多厚，明白了要到達鋪滿鮮花的幸福大道，只有腳踏實地地前進。30 歲的女人，不再徬徨和迷茫，因為經歷了生活的磨合而變得從容不迫。她們遇事沉著冷靜，辦事果斷乾脆。

如果說 18 歲的女孩是一朵含苞待放的清純玫瑰，那麼 30 歲的女人就是一朵雍容華貴、帶露盛開的牡丹。經過了含苞待放的花季，綻放出風韻迷人的花朵，舉手投足在依稀天真活潑的影子下，盡顯端莊成熟；30 歲的女人像一壺飄香的茶。只有細細地嘗，慢慢地品，才知道是淡還是濃，才明白苦中散發出的醇香，回味無窮。30 歲的女人也似一杯濃烈的酒，經歷了風風雨雨，嘗盡了人間百味，唯有唇齒留香讓人心動難忘。

30 歲的女人，依然會在每一個情人節等待那朵應時而來的玫瑰花，但不會因為沒有得到而發脾氣，她們知道玫瑰並不是只在情人節綻放。愛不僅僅是海誓山盟，浪漫熱情，更多的是牽掛和叮嚀。30 歲的女人時常還會有異性的愛慕和追求，為人婦者懂得不留痕跡地拒絕，縱然有心動的感覺，也能在最短的時間內恢復平靜如水。

30 歲的女人一邊追憶似水流年的影子，一邊又慶幸自己終於從青澀步入了成熟，於平淡無奈中生出奮爭與渴望，決心做一個內外兼修心平氣和的知足女人。這是一個花季時代的終結，但也是另一個新的時代的開始。

少女的任性已經被現實磨礪得銷蝕了色彩，調皮的嬉鬧已悄悄地沉澱為舉手投足的優雅。容貌、氣質、智慧在 30 歲女人身上集合，快樂地熟透著，從此變得更加精緻和細膩，衍生出前所未有的成熟的女人味。少婦的風韻成為一道不事張揚的風景，永遠都是讓男人尋味的不解之謎。

能力、知識、閱歷、情感、生活的豐富，使 30 歲的女人有了自己的眼光和品味，對時尚和潮流有著很高的悟性，知道怎樣讓自己更美麗。不會再像小女孩那樣唧唧喳喳肆意地揮灑和張揚青春，她們會注意內涵的豐富、穿著的品味，就是默然無語也能讓妳感覺到她存在的獨特魅力。30 歲的女人成熟欲滴如同一泓秋水，畫眉深淺入時無，回眸一笑風情萬種。這是天造地設的美麗，而且美得天衣無縫，美得寵辱不驚，美得不動聲色。女人 30 歲正是美麗的起點，是女人真正生活的開始，是女人一生最美的時光。總之，她們美得一塌糊塗。

# 那份成熟讓人心醉

林清玄在〈生命的化妝中〉說：生命的化妝有三層，最表面的那層是一般意義上的化妝；第二層是體質上的化妝，例如，充足的睡眠、正常的作息規律等；第三層是氣質上的化妝，善良、樂觀、向上可以沉澱成金子般的美。氣質的形成是要經過歲月的沉澱的，所以請相信 30 歲時候的我們會更加的美麗。

20 歲時，也許是對一件漂亮衣服的嚮往，也許是對一個英俊男友的炫耀，不過這會讓人覺得那是小家子氣；30 歲時，不只為了吸引別人的目光，而應該關心自己的感受，契合成熟的風度。30 歲的女人覺得最好的不一定適合自己，最適合自己的才是最好的，服裝、職業，包括先生，合腳的鞋穿著更舒服，也更有效率。

20 歲的聰明，或許有些咄咄逼人，有些鋒芒畢露，有些自以為是，讓人可敬而不可愛；而 30 歲的智慧，多了一些反問，何時進，何時退，何時動，何時靜。有時，退就是進，進退自如是最優雅的舞蹈，沉默恰恰是含義最豐富的表白。

20 歲時，把愛情看得高於一切，在燃燒的火焰中體驗愛情的濃度，在滾燙的對白中暢飲誓言的甘甜；30 歲的女人已清醒地意識到，愛情常有而麵包不常有，好好地工作和生活，所有的愛才能有所附。對於愛情，更相信真愛無言，誓言無聲。

20 歲的獨立，和朋友整天一起玩一起瘋，努力證明自己的獨立和成長，對於父母的叮囑卻難免帶有三分不耐煩；30 歲的灑脫，注重和朋友分享人生的感悟，也沒忘記每天和老爸老媽話家常，講講笑話，她們懂得了「樹欲靜而風不止，子欲養而親不待」。

20 歲是女人最浪漫和富於想像的年齡，那時，女人在別人的眼裡是脫離現實、幼稚單純的群體。30 歲的女人會將那像蝴蝶般優美翩躚的想像棲落在現實的枝頭上。為了避免希望被現實的強風颳得變形，30 歲的女人以無比的堅忍和謙和的心態固守著屬於自己的一切。

30 歲的女人應該是女人生命中最富於活力，也是最漂亮的階段。「如成熟的水蜜桃」用在 30 歲的女人身上是最恰當不過了。心理與生理的成熟將 30 歲女人的美麗推向了極致。

如果說女人 30 歲以前不美麗可以怨父母，那麼 30 歲以後的不美麗就應該怨自己。經歷 30 載悠悠歲月的洗禮，寫在臉上的那份自信，那份從容足以傲視少女的青春。

30 歲的女人是真正成熟的女人。成熟是什麼？成熟是由青色變為紅色，成熟是絢爛之後的平靜，是盛開之後的內斂。成熟的女人是一道風景線，是天高氣爽的秋，是上帝賜予生活的一束鮮花。

成熟的女人善解人意、善良、溫柔，具有同情心和正義感，能夠在人群中感受愛，也能給予他人愛，能接納自己，也使別人接受自己；成熟的女人彬彬有禮，她們知書達理，能適度地表達和控制自己的情緒，不在大庭廣眾之下失態，她是一個好聽眾，可以敏銳地感受到對方的情緒，體諒對方的苦惱。她用雅量讚美別人，同時也能寬容別人的缺點；成熟的女人舉止適度，言談平靜，站立時姿勢優美，走路時步態穩健，用餐時溫文爾雅，坐下時神態安詳，談話時平靜溫和；有很好的道德修養，不談與事實不相符合的事，不高談闊論固執己見，不會一味地表現自己。

30 歲的女人懂得服飾得體，打扮適宜，選擇服裝不浮華也不愚昧。不會只在乎豪華或名牌，她們崇尚服飾與人的完美和諧，追求淡泊、寧靜、高雅的意境。她們根據自己的個性、氣質、經濟條件挑選或製作屬於自己

的服裝，穿出一種與自己的身分和氣質相符合的特色。

　　30 歲的女人臉上開始有了歲月的滄桑，有了一份對待生活的恬靜與從容。走過青春沼澤的女人有了對自己和家庭的一份責任，當青春已不再時，一面追憶似水流年的影子，一面又慶幸自己終於從青澀走向成熟。

　　女人 30 歲開始重新審視自己走過的路，感慨著昔日為幼稚和任性而付出的代價，同時又開始尋覓自己所重新擁有的位置。當天真已不再，生命中那份成熟卻更令人心醉。

## 擁有智慧的黃金甲

　　有人曾說過：「智慧是優秀女人貼身的黃金軟甲，是女人纖纖素手中的利斧，可斬征途上的荊棘，可斬身邊的煩惱。」30 歲的女人經過社會的恰當歷練，應該成為一個智慧的精靈。

　　隨著年齡的增長，歲月的流逝，人的長相最終都落到一條線上。換句話來說，長相漂亮的人朝下走，長相不漂亮的人向上走，長相中等的人變化不大，最終大家落人同一條水平線上。人生不是短跑，而是長跑，甚至是馬拉松長跑，不要被一時的美麗與不美麗，幸運與不幸運所迷惑。

　　智慧是美麗不可或缺的養分，所以才有「秀外慧中」這樣的成語。相由心生，我們的容顏和氣質最終是靠內心滋養的。俗話說，男人要為他 30 歲後的相貌負責。男人如此，女人又何嘗不是如此呢？妳所經歷的一切，將一點點地寫在妳的臉上，每天美麗一點點，妳為自己做的便是不斷地滋潤，而不是消耗和透支。青春已逝，但美麗可以永存。

　　智慧女人能善待別人，寬容別人，從而贏得真摯的友情和關愛；智慧的女人也能善待自己，寬容自己，絕不因為挫折而放棄自我；智慧的女人

知道要靠自己去走完人生的旅程。愛惜自己就是愛惜每一天的生活，愛惜自己的生命。因為善待自己與善待他人一樣重要，自愛的人才可能真正去愛別人。

　　智慧的女人擁有自尊自重的情感，勇於接受來自各方面的挑戰，更善於從大自然與人類社會這兩部神筆巨作中採擷智慧。智慧固然在很大程度上取決於一個人的 IQ，卻絕不是天生的，學識、閱歷和善於吸取經驗教訓會使一個人迅速成長。智慧就是這樣一點點地從內心雕琢一個人，塑造一個人。

　　智慧的女人是聰明的，然而僅有聰明而缺少深度是智慧的浪費。30 歲的女人已經不再只是單純的聰明了。她們已經進化到了大智慧的境界。聰明的女人知道男人說的話只能相信一半，而智慧的女人卻知道該相信男人的哪一半話。聰明的女人懂得依靠男人，智慧的女人懂得駕馭男人。聰明的女人看時尚雜誌學化妝技巧，智慧的女人透過閱讀豐富心靈。聰明的女人想：我一定要怎樣；智慧的女人想：我應該要怎樣。聰明的女人了解男人，智慧的女人了解自己。聰明的女人用眼睛看世界；智慧的女人用心看世界。

　　美貌會凋謝，智慧卻會增加。智慧不僅來自學歷，更重要的是來自生活體驗後的感情和總結。人生的不同階段有它不同的智慧和理念，可以互補，但是不可互相代替。尤其是在多元文化、高素養群體的大環境下，智慧更是脫穎而出的必備因素，因為視野一開闊，外表的美麗就在人們中習以為常了。

# 香遠益清的知性女人

有這樣一些 30 歲左右的女人如同周敦頤在〈愛蓮說〉中所描繪的蓮花一般中通外直，不蔓不枝，香遠益清，亭亭靜植，可遠觀而不可褻玩焉。她們不是壓群豔、傲百花的牡丹；不是守幽谷、會幽瀑的山中木樨。她們是攜著矜貴香氛的精緻白蓮花。她們衣著素淨，純天然面料的衣服是她們的首選。她們不盲從潮流。非辦公的業餘時光，多數女人用深色和素色包裹自己從容的落寞和孤寂。但客廳的花是不會等到枯萎才換的，要隨心常換鮮花，薰衣草、丁香、梔子之類不喧不鬧，但絕對要清新宜人，這是貼近自我靈魂最簡潔的行為之一。這些女人身上散發出知性的美麗。知性女人聰明卻不張狂，典雅卻不孤傲，內斂卻不失風趣。女人的知性美是她們身上內斂著的一輪光華，它不眩目，不耀眼，其光若玉，溫潤、瑩透、可感、可品、可攜。

知性的定義是：「具備知識和理性等特質。」，知性除了標誌一個女人所受的教育以外，其實還有一層更深刻的意義，應該是女人特有的氣質，它源於女人所受的教育和環境，可又並非哪一個看上去文文靜靜一些的女人就都可以被稱之為知性的。知性必然是知識與生活的累積。

其實知識只是知性的一個基礎。我們身邊有很多的女性朋友，她們大部分都受過高等教育，不過其中真正可以稱為知性的寥寥無幾。

30 歲女人身上的知性，帶給她們一種相對平靜但餘味更久遠的魅力。和她們在一起，妳可以享受到人生中最本質的那種如冬日陽光一樣的溫暖。輕鬆、雅緻、自我、明智、舒暢，和她們相處一個下午，妳一定能獲得由透著靈動的平靜滋生的希望和力量。

知性女人的定位，展現了都市女性應有的形象：有知道，有品味，有

屬於女性的情懷和美麗。

知性女人可以沒有羞花閉月、沉魚落雁的容貌，但她一定有優雅的舉止和精緻的生活。知性女人也許沒有魔鬼身材、輕盈體態，但她重視健康、珍愛生命。知性女人興趣廣泛，精力充沛，保留著好奇的童心，在瞬息萬變的現代社會中，她總是出現在變化的前沿。知性女人有理性，也有更多的浪漫氣質，春天裡的一縷清風，書本上的幾個精美詞句，都會給她帶來滿懷的溫柔。知性女人經歷了一些人生的風雨，因而也懂得包容與期待……

知性女人內在的氣質是靈性與彈性的統一。

靈性是心靈的理解力。有靈性的女人天生慧質，善解人意，能領悟事物的真諦。她極其單純，在單純中卻有驚人的深刻。

靈性是女性的智慧，它是和肉體相融合的精神，是蕩漾在意識與無意識間的直覺，是包含著深刻理念的感性。有靈性的女人以她的那種單純的深刻令人感到無限韻味與魅力。

彈性是性格的張力，有彈性的女人，性格柔韌，收放自如。她善於妥協，也善於在妥協中巧妙地堅持。她不固執己見，但自有一種主見。

都說男性的特點是力，女性的特點是美。其實，力也是知性女人的特點，差別只在於：男性的力往往表現為剛強，女性的力往往表現為柔韌。彈性就是女性的力，是化作溫柔的力量。有彈性的女人既溫柔，又灑脫，使人感到輕鬆和愉悅。

靈性與彈性的結合，表明真正的女性智慧也具有大氣，而非平庸的小聰明。知性女人是具有大家風範的。

一個真正的「知性」的女人，不僅能征服男人，也能征服女人。因為她身上既有人格的魅力，又有女性的吸引力，更有感知的影響力。

　　知性女人能夠無視年齡對自己容貌的侵蝕，她像一杯慢慢品味的清茶，散發著感性的魅力。知性女人關注時尚，打扮得體，氣質優雅；知性女人內心浪漫，強調個性，對世界充滿愛心和好奇；知性女人獨立進取，智慧堅強，努力追求自我價值的實現；知性女人還懂得給男人空間，深諳風箏和絲線的力學原理，不動聲色地把男人的心拴得更牢。她有清新淡雅的面容，嫵媚溫婉的回眸，顧盼生輝的舉手投足。她亦正亦邪，收放自如，將女人的魅力隨心所欲地發揮到極致。

　　年齡是30歲女人心中的一抹感傷的音節，很直接卻又很隱私。然而，總還有其他什麼是讓我們一見傾心、神采飛揚的原因，也是叫男人深深讚美、驚豔不已的那一聲終極尾音。

　　做一個知性女人！那是一種涵養、一種學識、一種花樣魅力的象徵，由內而外散發出來，時間在她身上只是彈了一個巧妙而圓潤的跳音，將她出落得更加可愛。

## 淡雅宜人的書香女人

　　飽讀詩書的女人才有飽滿的態、深邃的態，才幹嬌百媚、楚楚動人，內涵和教養是根是源，輝映在外的是氣質優雅、風度翩翩。有豐厚知識為依託的美，美得自然大方，美得恆遠長久，不受年齡的限制，沒有民族季節的區分。

　　能夠長期靜心讀書的女人，如出塵的幽蘭，一顰一笑自有一股淡雅宜人的書香氣息。這樣的女人，我們稱為書香女人。記得曾經看過一個與女人相關的話題——「什麼樣的女人最美麗」，不少人選擇了「讀書的女人最美麗」這一選項。

　　做一個美麗、健康、時尚而智慧的女人，幾乎是每一個女性渴望的幸福目標。而書是帶領人類從愚昧到文明的捷徑，是改變一個人的最有效的工具之一。讀書的女人是智慧的，正如女作家小畢所說：「清風朗水滴不穿，一年幾年一輩子讀下去，書就像微波，從內到外震動著我們的心，徐徐加熱，精神分子的結構就改變了，成熟了，書的效力就凸顯出來了。」一個女人的氣質、智慧還有修養，都是和大量閱讀分不開的，因此閱讀的女人是美麗的女人。

　　不管這社會如何發展，總還有一些女人和書籍有著割不斷的緣分，她們能拒絕燈紅酒綠的誘惑，把讀書作為業餘生活中最主要的活動。她們善於在寧靜中體驗生命，用知識和智慧塑造心靈，培養氣質，發展技能，讀書對於她們既是社會發展的要求，更是基於理性思考的自覺選擇。如果說不讀書的女人是清晨的露珠，純淨而晶瑩；那讀書的女人就是天上的星星，明亮中多一份深邃。要想做一個有主見、有內涵的現代女性，讀書仍然是必經之路。

　　從書頁上走出來的女人，她的美麗和一般的女人一定是有著不同的。她從唐詩宋詞中走來，靈秀的眉眼間便多了幾許的古韻輕愁；她從曹雪芹的大觀園走來，細碎的腳步聲踏出痴男怨女的悲歡離合；她從徐志摩的浪漫中走來，似一朵水蓮花亭亭地綻放著萬種風情。她帶著一縷淡淡的書頁的餘香，在和妳擦肩而過的剎那間，讓妳忍不住回首。她的香不是出自香水，而是春天草叢中一抹雨後的清香，是冬日梅枝間一縷浮動的暗香。

　　從她的眼眸裡可以看到小溪的清澈、天空的透明，從她的聲音裡可以聽到百鳥的吟唱、浪花的歡笑。她不一定有嬌好的容貌、曼妙的身材，但她總是舉止嫻雅，衣著得體。她不一定擁有伶俐的口齒、咄咄的氣勢，但她總是口吐蓮花，字字珠璣。

## 第十章　女人三十，優雅熟透

　　她可以是春天爛漫的山花，在枝頭綻放火熱的激情，也可以是秋陽下一朵素雅的雛菊，悠閒地在秋風中來回張望。她是一杯濃淡相宜的綠茶，要用純淨的水才能將她柔嫩的葉片舒展。她是一杯釀香的紅葡萄酒，要細細地品味，才可以感受她質地的純正。她是飄落在深谷裡的幽遠的鈴聲，是銀色月光下隱約的漁歌，她是炎熱驕陽下一片清涼的綠蔭，也是熠熠星光下等待歸航的港灣。

　　書，給了她明淨如藍天的心靈，給了她寬闊如大海般的情懷。她從書的這一頁開始，款款地又走向書的那一頁。

　　讀書會讓一個人變得明智，懂得道理，讓人富有內涵，它會使妳在世事煩亂中知道什麼是自尊、自立和自愛；它還會使妳無論對任何事情都會透過它的表面看到它的本質，知道什麼是寬和禮讓，知道什麼是美醜善惡，懂得人生的真諦，看透社會的真理糟粕。自古道：站的高才能看得遠。妳只有站在一定的高度，才能看清人世間的真正一切。就像一個人在趕路，妳本來沒有到達一座山的高度，也許是只站在一座山的底部，妳又怎麼會知道山頂的風景呢！

　　因此，女人如果要想變得讓人耐讀，就必須得帶點書香。帶點書香的女人就像一枝迎風招展的鮮花，無論妳長在爭奇鬥豔的百花園裡，還是散落在鄉間田原，它都可以綻放出一股誘人的花香，或清新或奇豔，或素雅或濃烈，它總給人夢魂纏繞的感覺，讓人素手留香，過目不忘。

　　要做就做個書香女人。「和書籍生活在一起，永遠不會嘆息」，羅蘭這樣開導女人。多讀些書，趁妳 20 多歲時，多讀些書。等到歲月開始在妳的眼前鍥下印跡，妳已是一個書香女人。30 歲的書香女人是最優雅的，她們的美麗蘊含著深度風韻，而不僅僅流露於表象和姿態。她們年輕依舊的心在都市流動的喧囂中，悠然地提煉著寧靜，氣質和風度中自有一種超

凡脫俗的洗練。正如達文西筆下的〈蒙娜麗莎〉，眉宇間天生蘊含著安詳和典雅。同時，靜中的她們也是生機勃勃絢麗多彩的。

30 歲的書香女人懂得如何才能氣質不俗，一顰一笑中的沉穩與端莊對她們而言已是運籌帷幄。丈夫面前她們溫柔賢惠，公婆面前她們體貼溫和，子女面前她們母愛濃濃……30 歲的書香女人展示出的處處是一股無形的魅力，俘虜人於無形。

# 讓男人難以抗拒的誘惑

歲月一邊在掠奪她們青春的同時，一邊又給了她們風情的饋贈。她們如一道不事先張揚的優美風景，給人驚喜之餘回味無窮。甚至有人警告女人們：看好妳的老公，別讓他遇到 30 歲的女人！由此可見，30 歲女人身上那種欲說還休的風情，是怎麼擋也擋不住的誘惑。

男人們對於 30 歲女人之所以著迷，緣於女人身上所散發的 9 項絕對誘惑。

- ✦ **風流**：這是一個絕對的褒義詞，它與風情、風韻素養。帶有一點點風騷，同時也包含有一些理智與智慧。這是成熟女性修練多年後散發出的一種酒香，小女孩模仿不來，學習不來，這需要時間。花是易謝的，只有果實，才可以慢慢品嘗。

- ✦ **母性的力量**：女星緋聞只能令人好奇，但女星懷孕則令人稱道，這是一種說不清的社會心理，連那麼「壞」的瑪丹娜都母性大發，她說，逗小孩開心其實就是贏得全世界的心！

- ✦ **女人味**：做女人一定要有女人味。那麼女人味是一種什麼味？鞏俐較之小一號的章子怡更耐看，更嫵媚，關鍵就是鞏俐更有女人味。

## 第十章　女人三十，優雅熟透

- ◆ **優雅**：小女生失戀了，可能會扔東西，會哭鬧，彷彿整個世界都毀滅了，痛不欲生。但我見過這麼一位熟女，她對付自己的「陳世美」，竟是如此優雅的一句話：妳慢走，請把門帶上。

- ◆ **高貴**：據說培養一個貴族需要三代。女人身上散發的雍容華貴沒有幾十年的時間打磨與淬火是表現不出來的。30 歲的女人更成熟淑靜。不信，妳看那些名貴的奢侈品廣告，誰會找一個小女孩去演繹。

- ◆ **滾燙的體貼**：30 歲的女性更會寬容人、關懷人，「姐姐」的角色，自然而然地會約束她的言行，一種有力量的溫柔，博大、積極、溫暖人心。小女生也許只會伸出手讓別人牽，而成熟女性更懂得伸出手輕拍妳肩上的灰塵，或者為妳整理一下衣領。動作簡單，但一氣呵成。

- ◆ **內涵**：30 歲的女人內心豐富，氣質取勝，十分耐讀。花是用來看的，而 30 歲女人的美，是用來讀的。看不見她的美麗的人淺薄，讀出她的韻味的人幸福，而且這種感覺持久不衰。由內到外的修習，會使一個女人散發出一種不可言喻的魅力，她不做作，不包裝，原汁原味地瀰漫著，並形成一種氛圍。

- ◆ **最懂性的快樂**：這個話題沒有什麼好迴避的。有人研究認為，大多數女人在 30 歲以後才能真正品嘗到性的快樂，這時的女人不會因為性而性，她們的性需求中包含大量的感情需要。

- ◆ **最佳紅顏知己**：會疼人，但更含蓄。她是心靈獵手，但理性又告訴她不要輕易衝動。所以，30 歲的女人是男人最佳的紅顏知己。她知冷知熱，更知分寸拿捏；給妳關懷，但不給妳藉口；讓妳感動，但不會讓妳太激動。

# 眾名媛論女人三十

30 歲的女人，告別了青澀幼稚，又離凋謝還早，身體和心靈都是「蜜桃」成熟時。無論她們自己是否意識得到，那性感的身姿、平和的心態都會替她們招來無數的愛慕。這樣的風姿綽約，這樣的風情萬種，只有到 30 歲的時候才能發揮到極致。因此，聰明的女人從來不怕 30 歲。

「過了 30 歲，一定要勤於保養才能保持好身材，其實運動好痛苦哦，每次上健身房都心不甘情不願的。」徐若瑄即將迎來 31 歲生日時這麼說。30 歲的她，依舊閃著一對天真無邪的大眼睛，身材比 20 歲的時候更加火辣誘惑，皮膚纖塵不染到找不到絲毫歲月的痕跡，唯一不同的是，她表現出來的精靈、慧點簡直讓人不敢想像。

「我覺得 30 歲的女人其實很美，她們有很多小女人沒有的東西。我希望告訴那些 30 歲的女人，30 歲的女人其實很好的。自信和安全感都是要靠自己給的。」30 歲不是女性的「大限」，可是對一個模特來說就顯得有些與眾不同了。在這個 15 歲出道、25 歲退休的行業裡，30 歲剛剛才紅不能不說是一個奇蹟 —— 它的創造者就是林志玲。

「20 歲的女性還有很多時間夢想，40 歲的女性則大多都認命了，矛盾的是 30 歲的女性。30 歲的女性得作很多決定，甚至，決定要不要生一個小孩。」劉若英是到了 30 歲卻越發芳香的女人，散淡與醇厚兼收並蓄。她的外表並不十分美麗，但有一種很懷舊很憂愁的美，讓人不忍心破壞，同時她又是一個內心相當複雜的真性情女子。

「人的年紀大了就可以多做一點符合興趣的東西，倒也無所謂轉型，只是知道自己更適合什麼了。」徐靜蕾，這個看上去依然年輕美麗的女人經常說到 30 歲還那麼輕描淡寫。當一個女人把年齡當成輕鬆的玩笑談起

而不是刻意地遮掩時，她就從一個女孩變成了女人。人們已經習慣用「最美的女導演」取代「青春玉女」來稱呼她。

　　和曾寶儀面對面坐在一起的時候，妳很難意識到她已經快 50 歲了。她認為 30 歲根本不該是女人恐懼的年齡，而應該是最美妙的年紀。她說現在逛街她還是會去玩扭蛋。「自己的扭蛋人生就像阿甘手中的巧克力，妳永遠不知道打開那個盒子之後，出現在眼前的會是什麼。」對於現在 20 來歲的女孩子，曾寶儀想說的是：「認真一點，去發現妳自己的人生吧！」她說，自己剛到 30 歲的時候，真的是迫不及待奔走相告。因為她覺得這是個最好的年紀，女人一定要到這個年紀才能享受到真正的自由。「可能，很多人會覺得 20 歲的時候很自由，因為年輕。但是我記得我在 20 歲的時候，每天都要 11 點前回家，所以那種自由並不是真正的自由。例如，現在我自己有一定的經濟基礎，我可以決定自己接什麼樣的工作，這應該才是真正意義上的一種自由。」30 歲之後，她更加自信，因為她現在更清楚自己喜歡什麼，不喜歡什麼了。

　　說來說去，總之 30 歲的女人是一個高品味的群體。品味並非由一個人的生活狀況決定的，而是品味決定生活狀況，這句話並不誇張。如果想過比現在更好的生活，那就從提升自己的品味開始吧。因為提升品味，能幫妳提升地位，可以讓妳提前進入自己期望中的美好生活。

　　最後，我們忠心地祝福所有已經步入或即將步入 30 歲門檻的女人，都能活出價值，擁抱幸福！

# 從容走向 30 歲，妳也可以不狼狽：

## 得體妝容 × 清晰談吐 × 優雅禮儀，妳曾經幻想長大後的模樣，就是展現出自信最漂亮！

編　　著：蔣甘樺，若蘭

發 行 人：黃振庭

出 版 者：崧燁文化事業有限公司

發 行 者：崧燁文化事業有限公司

E-mail：sonbookservice@gmail.com

粉 絲 頁：https://www.facebook.com/
　　　　　sonbookss/

網　　址：https://sonbook.net/

地　　址：台北市中正區重慶南路一段六十一號八
　　　　　樓 815 室

Rm. 815, 8F., No.61, Sec. 1, Chongqing S. Rd.,
Zhongzheng Dist., Taipei City 100, Taiwan

電　　話：(02)2370-3310

傳　　真：(02)2388-1990

印　　刷：京峯彩色印刷有限公司（京峰數位）

律師顧問：廣華律師事務所 張珮琦律師

定　　價：350 元

發行日期：2023 年 02 月第一版

◎本書以 POD 印製

**國家圖書館出版品預行編目資料**

從容走向 30 歲，妳也可以不狼狽：
得體妝容 × 清晰談吐 × 優雅禮儀，
妳曾經幻想長大後的模樣，就是展
現出自信最漂亮！ / 蔣甘樺，若蘭
編著 . -- 第一版 . -- 臺北市：崧燁
文化事業有限公司 , 2023.02
面；　公分
POD 版
ISBN 978-626-357-054-2( 平裝 )
1.CST: 自我實現 2.CST: 生活指導
3.CST: 女性
177.2　　111021547

電子書購買

臉書